谨以此书献给
奥斯福集团成立二十周年

2018年2月5日
集团员工诗朗诵《我们是意气风发的奥斯福人》

2018年4月19日
集团进入全国照明行业『双甲』企业。李强董事长在住房和城乡建设部门口拍照留念

2018年10月13日
『奥斯福』杯第一届秋季运动会获奖人员合影

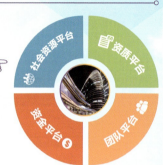

2019年3月12日,李强董事长对迅速发展的照明行业,首次提出"四个平台"

2019年5月18日,集团成立十五周年,李强董事长与全体员工一起回顾创业历程

2019年7月1日 李强董事长在『大干一百天、再创新辉煌』会议上作动员讲话

2019年9月28日,集团施工的楼体灯光秀"我在济南向祖国表白"在中央电视台新闻联播节目中播出

2020年1月17日 李强董事长参加彩福之夜年会

2020年7月 李强董事长获评"影响济南"年度经济人物

2021年4月 中共山东省委党校（山东行政学院）现场教学基地揭牌仪式在集团举行

2021年7月 集团党员及核心骨干共同庆祝中国共产党成立一百周年

2021年7月 集团迎『建党一百周年』灯光秀闪耀泉城

2021年10月 集团组织『关爱环卫工、临冬送温暖』活动

2022年5月10日 李强董事长荣获『济南市劳动模范』荣誉称号

2022年5月18日 集团成立十八周年。我的奥斯福『十八岁、正青春』

2022年7月 集团分批组织员工到云南外出旅游

2022年7月,集团荣获"济南市全员创新企业"称号

2023年2月,集团全体员工在"同心同行、共创共赢"年会盛典上合影留念

2023年3月 集团获得『山东社会责任企业』荣誉称号

2023年4月 李强董事长荣获『山东省劳动模范』荣誉称号

2023年4月 集团提出检验工作结果的『1+5』标准

2023年6月 李强董事长获得『济南榜样』荣誉称号

2023年6月 『同心同行，越来越强』——集团团队拓展训练营合影留念

2024年1月 李强董事长参加济南市第十八届人民代表大会第三次会议

2024年2月,集团设计施工的曲阜明故城(三孔)夜游项目顺利亮灯。这是春节期间万仞宫墙光影秀火爆出圈,吸引八方游客纷至沓来。

企业管理实操指南
——打造越来越强的管理团队

李强 ◎ 著

中国城市出版社

图书在版编目（CIP）数据

企业管理实操指南：打造越来越强的管理团队 / 李强著. —北京：中国城市出版社，2024.4
ISBN 978-7-5074-3701-0

Ⅰ.①企… Ⅱ.①李… Ⅲ.①企业管理—指南 Ⅳ.①F272-62

中国国家版本馆 CIP 数据核字（2024）第 079919 号

责任编辑：陈夕涛　徐昌强　李　东
责任校对：赵　力

企业管理实操指南——打造越来越强的管理团队
李强　著

*

中国城市出版社出版、发行（北京海淀三里河路9号）
各地新华书店、建筑书店经销
华之逸品书装设计制版
临西县阅读时光印刷有限公司印刷

*

开本：787毫米×1092毫米　1/16　印张：9¾　插页：6　字数：98千字
2024年5月第一版　　2024年5月第一次印刷
定价：**68.00**元
ISBN 978-7-5074-3701-0
（904707）

版权所有　翻印必究
如有内容及印装质量问题，请与本社读者服务中心联系
电话：（010）58337283　QQ：2885381756
（地址：北京海淀三里河路9号中国建筑工业出版社604室　邮政编码：100037）

奥斯福集团简介

奥斯福集团作为全国照明行业"双甲"企业,是全国照明工程公司30强,被评为山东省照明工程领军单位。是一家集城市照明、景观亮化、智慧控制、智慧文旅等设计施工于一体的综合型企业。先后获得高新技术企业、山东省五一劳动奖状、省市级"专精特新"企业、省市级瞪羚企业、省虚拟公共空间应用体验中心、济南市五一劳动奖状、济南市全员创新企业等荣誉。

集团坚持党建引领,探索出"四融入"工作法。自筹资金4000余万元与中共山东省委党校共建"画说党史、重走长征路"红色主题展厅,免费组织和教育党员干部群众50000余人次,成为中共山东省委党校、中共济南市委党校、山东省发展和改革委员会、山东省工信厅等单位现场教学基地。

集团主编起草了中国市政工程协会《城市景观照明运行维护技术标准》,省住房和城乡建设厅《城市道路照明设施养护维修服务规范》,省大数据协会《智能化多媒体展厅建设服务规范》《基于物联网的机电设备云管平台建设规范》等。集团积极与天津大学、山东建筑大学、山东财经大学等建立合作实验室，拥有专利发明50余项，技术创新位于全国同行业前列。

集团自主研发打造了首家民企智慧照明云控平台，已达到国际先进水平。由集团设计施工的文旅夜游项目，遍布全国，多次登上中央电视台《新闻联播》《朝闻天下》等节目，成为城市视觉盛宴，成功举办了"喜迎建党百年、点亮泉城之夜"创意大赛。

集团「一二三四五」理念

一个目标
打造最值得尊重的企业

二个准则
做人准则：感恩、尊重、分享、阳光

工作准则：完成本职工作，超越本职工作

三个导向
工作以"结果"为导向

服务客户以"利他"为导向

内部沟通以"彻底"为导向

四个"不"
不妄议公司决议

不做企业的寄生虫

不做信息的传送带

不让眼前利益出卖自己的未来

五个理念
个人价值理念：个人价值＝能力×投入度

制度导入理念：引导、自觉、监督、习惯

业务拓展理念：靠上、拼上、豁上；要急、要争、要抢

工程施工理念：安全、质量、工期、成本、回款

自我提升理念：加强学习、勇于担当、学会包容、控制情绪

前言
FOREWORD

"实"要靠"虚"来升华,"虚"要用"实"来支撑。我们大部分时间都在低头做事,太实了。要能做、会说还能写出来,并能指导我们的工作,这就是实践→理论→实践的过程。

我认为企业文化是一个团队内约定俗成、共同遵守并为之付出行动的理念。否则就是一个口号。我们一定要坚定我们的文化自信,自己总结的东西可能没有精美的语句和华丽的词藻,但这都是我们工作中的精华,是全体奥斯福人智慧的结晶。不像有些人为写而写,写是为了生存,而不知道怎么去做,只想多赚流量和多卖钱。

我们不能离开奥斯福而谈奥斯福。有一些文章或书可能会迅速引起大家的共鸣,但能不能全部拿来使用就不一定了。每个作者所处的文化环境、行业及从业人群的状态不同,不能同日而语。我们只能借鉴,转化成适合我们这个群体的理论。貌似有些东西很对,看着挺感动,想着挺激动,但就是干不动。所以我们要甄别信息,不能奉行简单的"拿来主义",否则就是"邯郸学步",最后变成四不像。

有了理论支撑的行为会更有力。针对我们的书籍，尤其是我们奥斯福人，一定不能看一遍就抛之脑后了，书是用来感悟的。看过不是目的，记在脑子里、指导在行动上才是目的。我们要把会议语言、书本语言变为口头禅记在心上，最终指导我们的行为动作，不是为了写而写，为了看而看。不能影响行为动作的认知，都是虚假的认知，还不如不知。

这些理论知识都是我们在实践中得来的，虽然对一些人来说是"二手经验"，但学好、弄懂，可以让你少走很多弯路。

我们是一个团队，大家在一起是为了共同创造更多价值。只有思想一致，才能步调一致，行动一致。用"武化"推动"文化"落地是一个长期持续的过程，只要公司存在和发展，就需要在不同的时期解决不同的问题。一定要分清阶段性的矛盾和当下最重要的矛盾。

每一个人的今天都是无数个昨天累计叠加呈现的"象"，今天就是明天的昨天。我们要以公司的书籍为制胜的法宝，带着敬畏心去学习，不折不扣地去落地。人就像机器一样，在不停地充电→放电→充电的循环中前行。只有我们不停地充电，才能达到"越来越强"的目的。

奥斯福集团董事长　李　强

2024 年 2 月 1 日

目录 CONTENTS

001 第一部分 企业战略与企业文化

第一章　总结与计划　／003

新起点，新希望，新力量，望大家齐心协力、同勉共改，我相信我们的明天更美好，我们的未来更辉煌，大家一定会越来越强。

第二章　企业文化与制度　／009

只有文化和制度两手都要抓，两手都要硬，才能使企业真正强大起来。有时在企业发展的不同时期，侧重点不一样，但绝不能长期一边倒。制度可以促进文化的发展，文化可以促进制度更好地落地。

第三章　月度工作主题　／013

每月一个主题，先从理念上认识，到能够指导我们具体的工作，最后慢慢贯穿起来，力争达到"儒为表、佛为心、道为骨"，做到融会贯通，知行合一，养成一个积极良好的惯性思维。

第四章　部门工作主题　／022

大家不要只知道低头做事，更要知道抬头看路。一切按照流程来做，工作就会少出差错，不出差错。大家一定要有危机意识，无论你在哪个部门，一定要坚信：领导可能是最能的，但一定不是万能的，在我的工作岗位上我是最能的！

037 第二部分　个体层面

第五章　我是谁　／039

在职场中分不清"我是谁"可能有两大主要原因：一是团队内部分工不明确，责、权、利不清晰；二是没有摆正自己的位置，得过且过地混日子，知道自己的职责也不愿去担当。在职场中"我是谁"？我是团队的一份子；我要为团队承担自己的职责；我要为团队的发展贡献自己的力量！

第六章　生活VS工作　／044

对生活和工作不纠结的人都是会享受生活、快乐工作的人，也是对所发生的事情都能应对自如的高人。我们要打破心魔，快乐工作，享受生活！

第七章　知情意行　／051

"知"就如指引灯、灯塔，给指明了方向，但没有"情"和"意"的支撑，你就走不出去，就没有"行"，永远活在理论的光环中。虽然有"知"，但没有"情"和"意"的投入，"行"也会变形。其实没有"知"，有了"情"和"意"的推动，也会有"行"，只不过是"事半功倍"和"事倍功半"的问题。"知"都是在"行"的实践中提炼出来的。

第八章　专业技能和方法论　／063

专业技能是"务实",方法论就是"务虚"。"实"要用"虚"来升华,"虚"要用"实"来支撑。我们现在迎来了史无前例的机遇和挑战,专业技能和方法论两手都要抓,两手都要硬,这样我们才能走在同行业的前列,才能无愧自己的大好年华,才能越来越强。

第九章　做最好的中层　／068

中层管理者应具备的能力和职能是复杂多样的,中层管理者对上要忠诚,对下要担当;对外要干净,对内要团结。中层弱则公司弱,中层强则公司强。望大家时刻怀有"前有墙后有狼"的紧迫感和危机感,与时俱进,共同进步!

075　第三部分　群体层面

第十章　我们凭什么在一起　／077

一个团队内必须只有"一个思想,一种声音,一个信念,一个发展方向",少一些"自我"和"个性",这样才能形成"一个共同的价值观"。"我们凭什么在一起"的唯一桥梁就是有共同的价值观——能够共同创造更多价值!

第十一章　我们要做狼还是羊　／083

"狼文化"是一种拼搏进取的外拓文化,"羊文化"是一种默默奉献的内敛文化。我们都应成为"狼、羊"的共同体,让狼的血性和斗志填补羊的懦弱和依赖,让羊的奉献和感恩弥补狼的贪婪和残暴。"狼、羊"并存才是我们的生存发展之道!

第十二章　我们为什么这么忙　／088

近几年我们大家都觉得很忙碌,基本都在加班加点地付出。但我觉得我们忙的真正原因有以下五个方面:1.近几年承接的业务超越了原有的业务范畴;2.原有的专业技能和现在的业务匹配度出现了问题;3.现在的工作流程影响了工作效率;4.管理层的管理水平没有与时俱进;5.个体层面的认知水平偏差太大。

第十三章　我们可以做得更好　／095

我们制定的流程是对阶段结果进行检视的,还达不到指导我们行为细节的检视要求。为保障各环节有条不紊地走下去、做得好,就要做到PEPC,即:"计划要素、过程演练、事前准备、事后总结"。

第十四章　我们为什么不一样　／101

每个人的今天都是无数个昨天累积叠加呈现的象。为什么每个人的当下是不一样的,我认为主要有两个方面,一是看不到(真看不到、假装看不到);二是做不到。我们要通过不断的事后总结,逐步地调整自己的思维方式,因为实践是检验真理的唯一标准。

107　第四部分　组织层面

第十五章　价值分配　／109
价值如何公平分配，一直是困扰社会和公司的问题（价值：金钱、职位、荣誉等）。我们应养成价值创造要积极、价值评估要利他、价值分配要感恩的良好氛围。

第十六章　馅饼还是陷阱　／114
"天赐食于鸟，但绝不投于巢。"发展是永恒的，馅饼与陷阱将始终并存于公司发展的各个阶段。我们既不能忘却公司发展的目标和宗旨，更不能忽视公司发展面临的风险。根基打得牢才能建高楼，基础做得好才能走得更加长远，更加健康。敢问路在何方？其实路就在大家的脚下！

第十七章　思维认知的"六个维度"　／121
要有拥有小于需求的稀缺心态，时时刻刻提醒自己，提升自己。提升要最终体现在行为动作和工作态度上，而不是理论的光环中。你的思维每提高一度，你的个人、家庭、工作、事业就会有质的提高。每一个人都是自己思维的产物，改变从现在开始，遇见更好的自己，我们一定会越来越强！！！

读思维认知的"六个维度"有感　／124

129　附文　点亮
132　后记　追光逐梦　越来越强——奥斯福集团二十载追光之旅

第一部分　企业战略与企业文化

第一章 总结与计划

综合公司现状和今后的发展方向，新的一年终于下定决心将加工生产剥离，走业务型和管理型路线。这次转型是必然的，但我们现有人员的素质和综合水平能否跟上这次转型还不确定。现在大家在一起应该不缺乏忠诚度，不缺乏凝聚力，而是缺乏单体作战的能力，缺乏独立处理问题的能力，缺乏必要的沟通能力，遇到问题总是有想法没办法。总的来看还是见得少，经历得少，对问题认识不够，事前分析不全，事后总结不足。

展望未来应该是机遇和挑战并存的，在年度总结大会中，我提出的整体思路是"外跨、内紧"。

"外跨"是跨地区，跨行业。

"内紧"是让大家都要有一种紧迫感、危机感。

我们以前基本都是体力劳动者，后来变为半脑力半体力劳动者，现在转变为纯脑力劳动的管理者了。社会地位的变化，工作环境的变化，对外接触人群的变化，都要求我们与时俱进。以前是蹬三轮车在跑，现在是开汽车在跑，不进则退。"劳心者治人，劳力者治于人"，我们已经不再劳力，如果再不劳心的话就真的是无事可做了，力争能把我们这个小团队打造成一个"学习型、进取型"的团队。

我们的老员工要带好头，定好的东西一定要执行，执行一定要彻底，给新人做好榜样，我相信大家这点素质还是有的。目前我们力所能及的事情一定要及时做，千万不能拖。以前遗留下的，如组织架构、人员分工、绩效考核、财务管理等问题，还有随着转型可能带来的问题，如薪酬结构、素质提升等，这些问题都需要我们自己来解决的。现在大家都知道的口号是"适合的才是最好的"，这包括规章制度和绩效考核等。书本上写的和别人说的，我们只能借鉴学习，绝不能照抄，其实就是这个借鉴的过程是最难的。希望大家能在今后的学习中有针对性地提出一些建议，新的一年我们会出台很多制度和方案，也可能会朝令夕改，希望大家能原谅，我们都是在探索、学习和改变。

对上述问题我的想法是我们要在以下几个方面进行目标分解落地和实施执行：

1. 组织架构要清晰：合理分析各部门的职责和关系，由部门找到合适的人，重新定岗。

2. 人员分工要明确：明确分工便于绩效考核，以前我有一种感觉是平时觉得人很多，但到时又没有人管事，这就是分工不明确造成的。分析个人的特长和能力，结合组织架构把能明确的工作分到

董事长为集团全体员工做年度总结报告

具体人，对突发工作和新增工作及时安排调整，一定要明确到人，做到人尽其才。

3.业务来源细化量化：我们在年初就定了两个扩大的调子，"扩大服务对象，扩大服务范围"。作为公司的一份子，都要积极去开发新客户，维护老客户，使业务来源多元化，达到全员皆是业务员的目的。

4.工资结构阳光化：根据现实情况及时调整，总体目标是降低固定支出，提高考核或浮动部分，实现工资水平的合理增长，力争工资和奖金能在阳光下运行。

5.绩效考核全面化：根据各自的岗位职责，结合公司的现实情况，争取实现"一人一考""一事一考"，考核结果直接和工资、奖金挂钩。

6.财务管理精细化：以前我一直认为财务人员就像仓库保管员一样，只不过一个管的是钱、一个管的是物罢了，现在看来是大错特错。以前是重业务轻管理，更轻财务的管理，今后一定要发挥财务的管理职能，对所有的费用要细化量化，对单项工程做出财务分析，以便及时发现问题、处理问题。

7.素质提升要跑步进行：迅速增强自信心，基本的商务礼仪要背下来，待人接物的沟通技巧要自然，个人形象要大众化，文化学习、个人总结、反思要在时时处处。

以上都是我自己的观点，具体实施过程中还望大家献计献策，群策群力，共同遵守。我也想对自己工作的方式方法在新的一年内做出大的改变——"大放权、常表扬"，争取能做一个"淡定哥"。

"大放权"：以前大部分事情都是亲力亲为，不是对大家不放心，而是觉得好多时候事情办得不尽我意，事后生气还不如自己去办。现在事情多了，但大家也都习惯了当助手，而不是当助理。这也是我多年来犯下的错，使大家养成了不独立思考的习惯，也养成了不愿主动承担任务，害怕达不到我要求的习惯。我现在有时感觉有些同志的大脑成了传送带，得到的信息不存储、不分析、不处理便直接输送过来，这也是一个很危险的信号。

今后争取让每一个人都能在自己胜任或分管的工作中当家做主，细节由你们自己把控，我只重结果，抓主放次，抓大放小，不能眉毛胡子一把抓，让琐事再锁住手脚，锁住思想；争取让大家多出去转转看看，但千万别让一块砖头绊倒两次，决不能让眼前的既得利益给蒙蔽了，有时舍既是得，一定要养成事前分析，事后总结的好习惯，为人处事多替对方想一想，不要急功近利。

没有春风你就别去等秋雨，这个社会不缺"聪明"人，也不乏"实在"人，而是缺乏聪明的实在人，小聪明永远都成不了大智慧。千万不要在任何时候和任何场合，认为或相信自己是天底下最聪明的，否则就会很危险，时刻都要有一颗感恩的心。永远记住这两句话"沟通大于一切""人不反思必自私"，做事掌握好"度"，"度"源于你的素质。我相信大家只要用眼去看、用脑去想、用心去做一定都会成功的。

"常表扬"：以前总是以为大家做的大部分事情都不随我意，所以就很少表扬人，有些时候事情做得很顺利、很完美，但也不喜欢去表扬，认为这是应该做到的，这样也可能打击了大家的积极性。我争取改掉这个不好的习惯，把事情办好了不但有物质奖励，更要有精神表扬，这样就会事事都有榜样，事事都有目标。有句名言说"如果你手里拿着一把锤子，你就会看什么东西都像钉子"。争取一定要把这个锤子的心魔赶走，让笑脸进来，让自己淡定下来，把心沉下来，把嘴比脑子快的毛病也改掉，要做到在正确的时间说正确的话、办正确的事，不要再事后着急。

新起点，新希望，新力量，望大家齐心协力、同勉共改，我相信我们的明天更美好，我们的未来更辉煌，大家一定会越来越强。

第二章 企业文化与制度

有人说:"三流的企业管理靠人,二流的企业管理靠制度,一流的企业管理靠文化。"

靠人肯定是不行的,有时人本身就不靠谱。

我们先看看企业文化与制度的区别和联系。

制度:要求大家共同遵守的办事规程或行动准则,是一种行为规范,具有强制力和约束力。

文化:是一个组织由其价值观、信念、仪式、符号和处事方式等组成的特有的文化形象。具有自觉性和隐蔽性,也是一个区域内特定人群形成的约定俗成的习惯总和。

制度管理重行为,文化管理重意识。制度管理的方向是"要我做",文化管理的方向则是"我要做"。

制度管理多强调理性化,重视科学标准和规范的作用,企业文化管理强调的是情感化,重视内在精神价值的开发、集体感受和各种非正式规则、群体氛围的作用。制度管理可以形成一个框架结构合理、运转程序规范、制度严格的标准化企业;文化管理可以赋予整个企业以生命活力，为之提供精神源泉和价值动力，引导其发展方向，并创造经营个性和管理特色。

在企业管理实践中，我们不仅要研究制度与文化对员工影响方式的差异，也要研究二者的共存互动关系。二者具有不同的功能，制度规范人，文化激励、教化、引导人。制度再周全也不可能凡事都规范到，只有文化管理才能做到这一点。优秀的文化无时无刻不对人的行为起到约束作用。制度不能代替文化，但是文化也不能代替制度。由于人们价值取向的差异性，仅仅依靠文化管理是不现实的，因为没有制度规范，企业难以采取一致的行动。

由此可见，文化和制度是相辅相成的，单纯强调一个是片面的。原则上来说制度也是文化的一部分，是显性的文化，是制度文化。制度是有形的文化，文化是企业制度的根基。

文化是企业发展的基础，制度是企业持续高效发展的保障，它们是企业腾飞的一对翅膀，发展的两大支柱。制度就如人的骨骼，让人有了规矩和方圆；文化就是身上的血肉，让人有了精神和灵魂。

只有骨骼健壮了，血肉丰满了，我们才能茁壮成长。

有人偏执地认为我只要依靠制度办事就行了，机械地执行制度，没有"时、空、角"的转换。没有文化的制度是冰冷的，是执行不长的。没有文化的串联，很难将制度的制定者、执行者和受用者紧密联系起来，制度反而成了层层高墙。制定制度的初心是什么？是在"时、空、角"的转换下灵活地执行，最终让受用者接受。这是制度制定、执行和实践完善的过程，只靠简单的文字是很难做到的。用制度完善制度、用制度落实制度和雇个保姆看孩子，再雇个人看保姆一样，都是一种病态文化。

企业制度有滞后性，当发生多个类似事件后才会出台相应的制度，不可能出台一个制度去等着事件发生，在这个过程中就需要有文化的约束力和自觉性。制度只能规范到节点和行为动作，而文化是贯穿始终的。所以我们才会说"制度是死的，人是活的"。

或许也有人会说，我只要提高自己心中的道德标准，按自己的标准去做事就行了，就像中国有那么多的法律我都不知道，我也没违过法。但你不可能保证自己不会受到别人的侵害，当问题发生时不可能只用道德标准去解决。由于人们价值取向的差异，没有统一的标准就没有规矩和方圆，所以要制定出统一的法律和制度，让触犯者受到相应的制裁。制定制度也是为了保护自己，没有制度的文化是松散的，难以传承和应用。

检验企业制度和文化好与坏的标准是：能否适应并推动企业的良性发展。

企业制定的制度和推行的文化，都是为了获取并圆满完成业务。它们都是为业务服务的，绝不是推诿扯皮的工具或手段。

公司要通过健全的管理制度、向上的企业文化形成上升通道。让向上的企业文化鼓舞人，让健全的制度管理人，让合理的薪酬留住人。您的道德底线再低也不能挑战企业文化"价值观"的底线，您的行为再过火也不能突破公司的制度，如果一旦突破了上下高压线，恶欲的大门打开后，人就会成为魔鬼。所以，大家不要轻易去挑战我们的上高压线和下高压线。

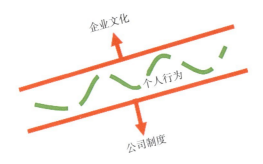

文化与制度的上、下高压线

只有文化和制度两手都要抓，两手都要硬，才能使企业真正强大起来。有时在企业发展的不同时期，侧重点不一样，但绝不能长期一边倒。制度可以促进文化的发展，文化可以促进制度更好地落地。

我们要让积极向上的企业文化像空气一样，接触到公司的每一位家人，有良好的认知系统和行为习惯，形成了共同的价值观。这样员工之间彼此达成共识，都在同一个频道上，达到"我以为，你以为的，就是你真以为的"，共同创造更多价值。

第三章 月度工作主题

我们自2012年就结合公司的主营业务情况和每个月的时间节点，提出每个月的工作主题，都印刷在公司的工作日志本、台历等明显的位置。但还是有一大部分家人记不下来，或是断章取义，不能完全领悟主题，更不要说让工作主题指导当月工作了。我现在就工作主题内容向大家系统地阐述一下，希望大家不忘初心，坚持不懈。

一月　家和万事兴

一月应是农历的十二月份，临近春节。我们也一直倡导"相亲相爱的一家人"文化，只有家和方能万事兴。这段时间是大家春节前在公司工作的最后时段，希望大家有个好心情，把节前能做的工作做完做好，给一年的工作交上一份满意的答卷。同时也是大家要回家团聚的时刻，希望大家能够把我们家和万事兴的企业文化带回老家去，期待我们明年的合作更融洽。

二月　总结学习提高

二月是农历的正月初,刚上班时,大家都还沉浸在过春节的欢乐气氛中,新的工作不多,这段时间希望大家能够沉下心来,把我们过去一年的工作得失总结一下,学习自己比较薄弱的知识和技能,提高个人素质和单兵作战能力,能更好地投入到新一年的工作挑战中去,使自己的能力和水平得到更好的发挥。我个人很喜欢这样一句话,读书越少越容易对环境不满,读书越多越容易对自己不满。读书少,看问题往往失于主观简单,归咎外因,牢骚抱怨。书读多了,人变得谦逊、沉着、明晰,更知道自己的短处在哪里,从而有针对性地弥补自己的短板,使自己视野提升、心胸开阔、拨云见日、迷途知返。抱怨什么呢?不如读书。书分两种:要知过去讲传承就读书本,要找未来抓机遇就要读社会这本大书。前一部书是给我们提供理论基础的,后一本书是要我们在实践中总结的。读书分为谋生和谋心两种:谋生的读书是从小学一直读到大学,为的是找个工作,这不是真正的读书;而谋心的读书是为了心灵的寄托和安慰,这才是真正的读书。尤其是管理人员要养成做笔记、写心得的好习惯,让我们的知识显性化、管理经验理论化、理论思想系统化,然后综合运用,大胆创新,使我们的管理水平再上一个台阶。

三月　以结果为导向指导工作

三月的时候，我们新的工作已经基本展开。俗话说一年之计在于春。以前我们往往纠结在过程中，不能对我们的工作结果聚焦，更不能对阶段性的结果聚焦。目标结果不明确不聚焦，就会使我们的工作缺乏计划和方向，工作起来就像没头的苍蝇一样，东一头西一头的。有时劳而无功，但借口太多，总认为自己没有功劳还有苦劳。大家一定要在心中种下一颗要取得结果的信念种子。企业是靠结果发展的，不是靠苦劳生存的。

四月　工作无死角

等到大家都在为一年的工作目标奋斗时，就会发现一个问题，因为公司部门分工没有那么清楚，制度还不够健全完善，好多具体性、事务性的工作不知道谁负责、谁去干，大量具体工作的死角就会显现出来。我们应该深挖工作流程和工作细节，把所有的工作死角都找出来，不能让它们成为完成工作和目标的绊脚石。把死角工作分配到部门和具体的人，一定要做到事事有人管、事事有人干，不要再有推诿扯皮的现象，不能让琐事锁住我们的手脚，成为达不到预期结果的借口。

五月　主动工作

挖出了工作死角，分担了具体工作，就要主动承担工作，主动去工作。可能有一些事情原本不是你部门或你个人的工作范畴，但是定下来分给你们后，一定不要再推诿扯皮，要承担起应有的责任。只要是分给你做的事，都当作是自己作出的选择，既然选择了就不要带着情绪去工作，高兴也是干，不高兴也是干，还不如主动去工作。主动担当，更能体现自身的价值。

六月　守信从守时开始

以前好多家人对客户和同事的承诺总不能在约定时间内完成，如提交方案和工程完工工期等，有时和人家约好的见面时间都不能遵守，这样给人家留下了不守信用的坏印象。还有，挖出死角的工作流程还不固定，有时问起责任人某项具体事件时，可能随口说什么时间能给办完，但到了约定时间还没能办完，双方就产生了抱怨情绪，不再信任了。久而久之，就会对人不对事，所以守信要从守时开始。

七月　养成积极良好的惯性思维

人与人之间有很大的差距，尤其是在动脑方面。每个人因为家庭环境、知识结构、工作环境和角色的不同，都会形成一种惯性思维。惯性思维就是通过个人作风、养成下意识的解决问题的行为，遇到问题想都不用想就知道该怎么办。有些人在接到一项工作或者在处理突发事件时，会有一种惯性思维：这个问题没法解决，这个问题我解决不了,这个问题只有领导才能解决,这就不是积极良好的惯性思维。解决一个问题至少有三种办法,但你的惯性思维是推脱、消极的思维,肯定不能沉下心来想到解决问题的办法。积极良好的惯性思维,是正能量的、敢担当的,是一定能找到解决问题办法的思维习惯。有了积极的惯性思维才会有解决问题的动力,一定要让一切不可能成为有可能,让有可能成为现实。我们养成了好的习惯,才会形成积极向上的企业文化。所以,积极良好的惯性思维是指导我们工作和解决问题的信念之本。

八月　沟通大于一切

沟通是我们的弱项,因为大部分人还没掌握好必要的商务礼仪和沟通技巧,不能分清时间、空间、角色的转换,更不懂得沟通是让自己舒服更要让对方舒服。我们现在的问题绝大部分都是沟通的问题,有时外部沟通不以"利他"为导向,内部沟通不以"彻底"为导向。一般外部沟通会好于内部沟通,因为对方是客户,从心理上要对人家尊重一些。但是内部沟通起来往往有一种"你就应该去做"的感觉,事前不说"请",事后也不说"谢谢",甚至有时技术不交底,留着半截不说,沟通不彻底,老把对方想成理想状态下的人,但最终出现的结果就是"你以为他以为的,不是他真的以为的",这样一起完成一项工作就很难了。学习一些沟通的商务礼仪和沟通技巧是我们当下工作的重中之重。在沟通或做某项具体事件时养成"计划要素、过程演练、事前准备、事后总结"的思维方式，才能遇事不乱，从容应对。只要沟通好了，大家思想都一致了，一定是"人心齐、泰山移"，这就是沟通大于一切的道理。

九月　人不反思必自私

从人性的角度讲，人都是自私的，都是趋利避害的，但"私"有大私和小私之分，如果是为了团队和利他就是大私；如果一味以自我为中心，自我的利益是谁也不能触碰的就是小私。这种人在与人沟通过程中往往不能从自己的小私中走出来，认为自己永远是对的，不站在对方立场或中立的立场来想问题、解决问题，一味地以自我为中心来看待问题、解决问题。大家来自天南海北，聚在一起，都有自己的惯性思维和生活方式，都活在自己小私的阴影里，还能共同创造更多价值吗？我曾给大家说过，"己所不欲，勿施于人。己所欲，慎施于人。"大家在一起都要有一颗包容的心，千万不要站在"对人不对事"的角度上一味地抱怨别人。事都是人做的，凡事都要从自身找原因，从自己的小私中走出来。我们现在处理的都是人与物的问题、人与人的问题，但很少想到人与自己的问题。只要把"人与自己"的问题解决了，重新认知自我、了解自我、改变自我，那这些就都不是问题了。因为"我"是一切因，"我"是一切根，一定要做到"一日三省吾身"。

十月　尊重赢得尊重

随着工程和工作的深入，有些家人自恃有一点专业技能，在公司中做到了一定的职位，对合作方和公司内部同事不够尊重，只想得到别人的尊重，不想着先去尊重别人。我也说过："人不分职位的高低和财富的多少，对生命的需求和被尊重的需求是一样的。"我们不能只对客户阿谀奉承，而对下游的合作单位和公司的其他同事一味呵斥，这样你从哪儿也得不到尊重。有些业务经理认为做成一个业务很难，是因为人家对你还没有尊重。尊重是相互的，是由心而发的，对待合作方要真心地交朋友，站在利他的角度上想问题，对待同事要像家人一样去包容、鼓励、赞赏，这都是尊重别人，这样做了你就会发现自己也就被尊重了。我们的企业目标也是"打造最值得尊重的企业"！希望大家尊重他人、从我做起。

十一月　加强责任心、严把质量关

十一月是我们工程进入尾声的时间，有些项目负责人因专业技能不足、管理水平较低或工地较多的原因，往往在最后的竣工验收过程中出现这样或那样的问题，有些负责人甚至会对公司隐瞒一些实际情况，只报喜不报忧，也有一些只报忧不报喜的，一旦真相捂不住时才汇报，但借口说不是自己造成的。如果一开始就能加强责任心，严把质量关的话，这些问题在萌芽状态中就都解决了。其实加强责任心，严把质量关不仅仅是对工程部提出的，大家在各自的工作岗位上都应严把工作质量关，如设计部要设计出满意的图纸，投标部要做出合格的标书，都要拿出"工匠精神"来精耕细作。我们是工程类公司，一定要知道质量才是我们生存之本，责任心是质量的根源。这也是我为什么要求大家在工程支付申请单上写上这句话的原因，希望大家把这句话记在心上，用到实际工作中去。

十二月　团结奉献

我们现在的合作方多是政府部门和大型国有企业，十二月是他们一个财年的结束，我们在这个月中要做的事情很多，上报竣工资料，催要审计报告，开具发票追要工程款，制订明年的计划等。这就需要公司的各个部门团结起来，发扬奉献精神，为我们一系列的工作动起来，保障各个环节有条不紊地进行，力争完成当年的计划，为明年的工作打下良好的基础。

这样整体看我们每月的工作主题就是：

一月　家和万事兴

二月　总结学习提高

三月　以结果为导向指导工作

四月　工作无死角

五月　主动工作

六月　守信从守时开始

七月　养成积极良好的惯性思维

八月　沟通大于一切

九月　人不反思必自私

十月　尊重赢得尊重

十一月　加强责任心、严把质量关

十二月　团结奉献

各个月的工作主题不是独立存在的,而是一环扣一环的,公司需要提高的地方太多,我们只能分解开来实施,害怕一下子推出来大家有一种眉毛胡子一把抓的感觉,顾此可能会失彼。每月一个主题,先从理念上认识,到能够指导我们具体的工作,最后慢慢贯穿起来,力争达到"儒为表、佛为心、道为骨",做到融会贯通,知行合一,养成一个积极良好的惯性思维。

第四章 部门工作主题

　　自2015年下半年以来,公司的工作氛围和各位家人的工作积极性都有了很大的改善与提高,大家都积极主动地去工作了,有时为完成工作都自愿加班加点,主观能动性很强。有时部门一个人在加班,其他人都会陪着一起把工作做完,也体现了"我们是相亲相爱的一家人"文化。

　　但有时目标结果不够聚焦,部门和部门之间、部门内部人员之间的分工不够明确。有事时大家一起上,造成了一些不必要的人员浪费,目标结果不聚焦也可能出现只有苦劳没有功劳的事。结合此类现象,公司在2016年初结合各部门的工作性质和工作重点,提出了部门的工作主题,以便引导大家明确目标结果和指导本部门的工作。

一、业务部:发现创造价值,业绩就是尊严

　　业务部是公司发展的先头部队,一定要有敏锐的嗅觉,有为了

达到目的誓不罢休的信念。是狼就要磨好牙，是羊就要练好腿。这个部门不是鱼龙混杂、滥竽充数的部门，需要有狼性、有血性的人去拼搏奋斗，如果仅是为了个人自认为的一点面子就不去争取的人是不适合在这个岗位上的。其实我们现在做业务并不是盲目去推销，都是有的放矢的。做业务绝不是放弃尊严，而是客户刚好需要，我们正好专业而已。只要在正确的时间、正确的地点，找到正确的人、说正确的话，就一定会成就正确的事。说话时切记少说嘴比脑子快的话。卖产品、卖服务，首先要把自己"卖"出去，先让客户接受你，才能签单或发生业务关系。

一定要发扬"三上三要"的精神，才有可能取得成功。"靠上、拼上、豁上，要急、要争、要抢"，还不一定能取得想要的结果，何况你只想等客户的电话，或自认为我给客户打过电话就可以了，我们还做不到通过一个电话就能解决问题、成就结果。客户需要沟通，也需要我们和他们真心地交朋友，站在"利他"的角度上想问题才能取得我们想要的结果。业务人员一定要有拼劲，我们应该干的活被别人干了，要有一种耻辱感和内疚感。总结我们的得与失，争取下一个项目一定能够通过我们的沟通和专业技能扭转局面。

在年初我们就定了两个扩大的调子，"扩大服务对象，扩大服务范围"。但是大部分人还是没有先知先觉的嗅觉，还睡在以前的功劳簿上，不去开发新客户，不去维护老客户，这样下去老客户早晚会成为别人的新客户。有些业务人员公关拓展能力差，依赖性强,等着公司领导去帮忙协调事情,说实话这不是一个合格的业务人员。我们分析出业务部的业绩是"签单或发生业务关系",我们也对其业绩作了分解,你究竟做了哪些环节,要做到心中有数。要想提高自己的尊严和地位,或提高自己X值的含量就要用数据说话,你完成了多少业务量,你在具体工作中都付出了什么,这都是可量化可检视的,业绩就是尊严。

要完成更高的业务量有三个主要问题是急需解决的:

(一)缺乏血性、韧劲和敏锐的市场意识;

(二)没有为提高业务量去提高专业技能和沟通技巧;

(三)要我做和我要做的纠结。

二、商务部:平台联盟,合作共赢

商务部是公司实施走出去战略的重要部门,要全面利用市场发展机遇,在更大范围、更广领域和更高层次上开展合作、实现共赢。商务部在未来的发展中要重点打造四个平台:

(一)社会资源平台:利用合作方的地缘、人脉等资源进行平台对接,实现资源互补,提高双方的市场竞争力,达成双赢、共赢的局面。我们一定要发扬"三上三要"精神,通过积极的客户拜访,筛选行业信息,建立合作关系,利用外部资源优势快速扩大市场影响力,发展和壮大企业自身实力。

（二）资质平台：资质作为我们企业的立身之本，不仅是综合实力的体现，更关系到企业的长远战略发展。我们要结合自身情况，深入分析行业经营领域和市场拓展的关系，提高服务联动，达到夯实管理基础，推动技术创新，培养专业人才的目标，切实将资质平台作为推动集团高质量发展的发动机。

（三）团队平台：这是我们与合作方紧密合作的基础，没有团队的支持和配合，是不可能产生一个好结果的。这就要求公司各部门之间统一思想认识，增强全局观念，充分依托我们独特的文化理念、过硬的专业技术、出色的管理能力为外部市场拓展注入强劲动力，携手打造共同的事业。

（四）资金平台：资金是中小企业发展过程中普遍存在的瓶颈，也将进一步遏制中小企业的发展。因此，在资金支持方面，我们会以项目参股或投资等方式为合作方提供资金，破解合作方的资金问题，为项目顺利实施做好有力的资金保障。

商务部要搭建起合作共赢的四个平台，让更多优秀的同行加入我们，与我们一起拓展公司的业务，推动公司发展走上快车道，把我们的平台联盟战略做大做强。

三、投标部：细节决定成败

从纸制标到电子标，随着大数据、云计算、人工智能等技术的广泛应用,传统招标投标流程模式逐渐被自动化替代,加快推广全流程电子招标投标已成为市场发展新趋势。常言说:"细节决定成败",每一次投标都是一场既公平又残酷的竞争,也是企业实力、信誉、经验等多方面综合能力的比拼。在一个招标投标过程更加透明高效的时代,我们的技术标无瑕疵,商务标不偏离,资格预审文件无遗漏,样品符合要求,就一定会提高中标的成功率。

我们在拿到招标文件后一定要有敬畏之心,认真审核文件,尊重标书要求,按照公司制定的流程一步一步地走,才能保证少出差错或不出差错,才能取得我们想要的结果。投标部的目标是"做出合格的标书",只有我们精心细心,在细节处下足功夫才能做出合格的标书。每一位投标人都应当从高处着眼,从小处入手,科学制定投标策略,以缜密的思维、认真的态度做好每一次投标工作,在激烈的竞争中立于不败之地。

我也给投标部的家人提几条建议:

(一)学习专业技能,不断提高自己;

(二)学习施工工艺,运用到实际工作中;

(三)尊重标书要求,有问有答;

(四)保持心态,拿到每一份标书就像人生第一份标书一样,在细节处下足功夫。

四、设计部：创意创造价值，以客户需求为本

设计部也是公司对外的一个窗口。我们现在从事的就是两件事：一是标准的执行者，二是标准的制定者。

我们合作的客户如中国石油、山东高速等单位，或者我们没有设计，通过投标取得的项目，我们就是对方标准的执行者，我们一定要学习标准，敬畏标准，在对方许可的范围内灵活运用，不能随意发挥自己的主观意识，这就需要对人家的标准"学得精、吃得透、悟得开"，才能交出一份以客户为本的答卷。还有一些客户的需求是通过我们的设计理念才能完成的。我们一定要明确客户需求，在通过什么实现什么达到什么的理念基础上，深挖区域文化和企业文化，共谋发展理念，做好投资概算等，加上我们的专业技能、经验和服务，经过多次沟通才能做出满意的图纸。我们不想做材料的搬运工，只有设计理念有了生命力，用的材料都能够体现文化气息，我们才能够提高材料的附加值。

设计部的目标就是"设计出满意的图纸"。这个满意有两重意思：首先是客户满意，通过我们的设计手法，体现出了客户的意图和想达到的目的。其次是我们内部满意，大家都有自豪感和成就感，设计出一份图纸有一种"我骄傲"的感觉。

所以沟通和了解客户的意图，有时比专业技能还重要，设计部的家人们一定要在提高专业技能的基础上多学一些沟通技巧。

五、工程部：安全质量一起抓，工期成本严把控

我们是工程类公司，工程部承担了所有项目的建设、管理和审计等工作，也是公司创品牌、赢口碑的部门。

（一）安全：是顺利完工的唯一前提。任何一个小的细节都可能会发生事故或产生安全隐患，一定要按照规范施工、文明施工，切勿野蛮操作。进场前就要根据施工现场及周边环境做出安全预案，制定安全标准，强化落实。心中时刻划定一条不可逾越的红线，在不能确保安全的情况下，宁可停工，也不可蛮干。决不能有侥幸心理，安全责任大于天。

（二）质量：是工程的生命。我们现在的工程虽然都不大，但都是形象工程，是让别人能够实实在在看得见的工程。公司要在业内和社会上树形象、立品牌，一定要有过硬的质量标准来做支撑，这对专业技能的要求很高，对自我的要求也很高。不能因为甲方没有发现问题而沾沾自喜，不能通过自己的专业技能去欺骗人家，时间是检验质量的唯一标准，一定要有干一个工程，树一座丰碑的心态。走过路过时可以自豪地对朋友和家人说"这个工程是我们干的，这个工程是我在现场负责的"，为公司争光，为自己添彩。

（三）工期：是完成工程的时间底线，也是守信的底线。接到一个工程后，就应该把工期底线牢记在心，通过工期进度表分解量化到每一天，每一个节点，当天没有完成的，一定要在第二天及时

抢出来，否则长期累积就绝不可能在规定时间内完成。我们好多迎检工程和涉及营业时间的工程，甲方是特别重视工期的，若我们不能在规定工期内完成，主管和分管领导都受了处罚，我们的工程款还好要吗？有一些底线是不能轻易挑战的。

（四）成本：工程部也是公司成本把控的重要部门。现场的管理，用料的计划性和合理性等成本因素都在工程部，一定要做到不窝工、不怠工，合理用料，严控成本。

工程部的目标是"完成合格的工程"。在结果中除了安全、质量、工期、成本，还有资料的上报、审计对接等，在结果呈现的架构图中也可以看到专业技能、个人素质、管理水平、沟通等是制约我们完成合格工程的重要因素，所以我们更需要"工匠精神"，更需要加强责任心，提高自我的能力。

六、成本管控部：从细微处创造价值

成本管控部是为公司创造价值最大化的部门，审计分为外部审计和内部审计。

外部审计：以前我们说过"工程是算出来的，不是干出来的"。现在中标价都比较低，在工程施工过程中如有工程量增加或增项一定要做好签证和见证性资料、竣工资料，如需批价应及时做好批价表并让甲方签字，确保我们的合法利益。工程完工要及时报审千万不能拖，审计过程中一定要据理力争，通过事实依据和专业技能在细微处为公司争取到最大利益。

内部审计：在工程开工时审计部门就应介入，做好对材料的使用、现场施工人员的实时管控和内部上报资料的审核。要做到量料相符、量工相符，保障公司的投入产出比。

利润是公司发展壮大的根基，也是更好为客户服务的保障。

七、供应部：性价比、反应快、计划强

供应部是公司成本管控最重要的部门，从一个工程开始前的询价到订货，都需要有很强的专业技能和责任心。采购的标准是：不一定买最贵的和最便宜的，在保证质量的前提下，一定要买性价比最高的，这就需要大量的采购数据做后盾，一定要建立材料库，多找合作伙伴，多了解市场信息，发现新产品、新工艺等。

采购也是公司的对外部门，我们要"打造最值得尊重的企业"，我们的口碑也要通过我们的合作伙伴去传播。在确保公平交易的情况下，一定要尊重他们，说到做到，这样到公司急需支持的时候，供应商也一定会伸出援助之手。有时采购和仓管的计划性不强，往往购买的材料和发货的产品不能及时供应到达，这就会对工程的进度造成影响，让工地的工人们停工等料，甚至不能按时完工。需要定制加工和异形处理的材料，一定要确定生产加工周期，急用时并

不是所有的物品都能拿钱直接买到的。

仓库管理也应将库存的材料摆放整齐，做到账、卡、物相符，工地用料时才能及时准确地报出数量和型号以备出库，避免重复采购。

供应部是工程能否顺利完工的后勤保障，一定要做到"提前亮"，事前有计划，事后有盘点。

八、财务部：及时、清晰、准确，从服务到管理

以前对财务部的工作重视不够，认为财务部就像仓管一样，把钱和公章管理好就行，没有领导的签字，不能付款，不能盖章。再就是记好流水账，对税务局的常规报表做好就行，因而把部门定性为服务岗，后来发现这是大错特错的。

通过这两年的改进，财务部有了很大改变，但是我觉得应该提高的地方还有很多，记账、报税、付款只是财务工作的一小部分。我曾经说过"财务部不能只算赚到的钱，更应该算应赚而没有赚到的钱"。财务部的工作更应该是管理而不是服务。以前就有很多事情因挂账不及时，数据模糊不准确，一到要什么数据时，临时抱佛脚，再去找凭证，使得一些业务人员在急需数据时意见很大。条理不清晰，不能针对单项工程的成本作出正确的核算。管理水平急需提高。

财务部应该是一个重要的管理岗，要为公司的发展提出合理化

建议，为公司找到更多的平衡点，为制定制度提供数据支持。还要有预警机制，如投资超出预算、同样的材料出现不同价位、同样的工程出现不同的利润率、应收账款分析等。

财务部是个很严谨的部门，对应着公司的全体部门和外协部门，但严谨不代表没法沟通，有时财务人员沟通起来很生硬，动不动就用专业术语来交流，公司其他成员大部分不是学财务的，他们不理解就会着急，着急就有情绪。财务部的工作方式方法也有待提高，如有一些合作单位的支付申请签完字或者汇款后给对方说一声，能够主动给对方打个电话。同样是要付款给人家，这样做的话他们和公司的合作就会更加愉快，或是收到对方汇款后及时给业务经理打个电话，他们会给合作单位说："款已到账，谢谢"，这样下次要款就会更容易了。

今后一定要发挥财务的管控、审核、分析等职能，为公司的发展作出更大贡献。

九、行政人事部：让积极向上的正能量加速推动公司的发展

行政人事部以前也是被公司所忽略的一个重要部门，以为他们只要做好考勤、招聘等日常事务工作就行了。公司是工程类公司，只要接业务、干好活、要回钱就行，只会务实不会务虚。现在发现

这是个非常错误的想法。公司的人越来越多，工地的战线也越来越长，人的思想和价值观都发生了变化。团队内部出现了不同的声音，甚至是不和谐的声音。公司因此制定了一些制度和提成办法，也都是"大棒加胡萝卜"的办法（如明确分工、量化标准、严格考核、严明奖惩等），这种西方的管理制度是把人当作假设中的"经济人"来看，没有爱恨情仇，只要干好了就有"胡萝卜"吃，干不好就"大棒"伺候。

现在来看只有制度和企业文化并行，才能真正发挥出团队成员的潜能，企业文化是把人当作"社会人"来看，放大了人的喜怒哀乐和七情六欲，更能关注到人性的需求——"爱与被爱"。人性也需要引导，从大的层面来看，要"存天理、灭人欲"，从小的层面来看，要符合"制度约束和道德规范"，从一个"自在人"转变成"自觉人"。这都需要企业文化的引导，需要行政人事部提炼出公司所倡导的企业精神、理念、道德标准等，通过教化引导，渗透到日常的工作中，从而影响大家的思维方式和行为习惯，形成共同的信念和价值观，达到一种思想、一个声音，加速推动公司的发展。行政工作向来事无巨细，所以容易导致不想干就没事可干，想干永远干不完的情况。这就是行政工作的特殊性。

行政人事部门不能是一个封闭独立的部门，要和公司的所有部门和所有人都紧密连接起来，让公司的理念和制度能迅速被员工接收并付诸行动。这是行政工作的广泛性。

公司犹如一列火车，不是推一把就能够高速运转的，需要慢慢地增大动力，火车一旦高速跑起来也不会一下子就戛然而止，是慢慢减速的，这是行政工作的持续性和隐蔽性。

好的企业文化能够关注到公司的每一位成员，当他（她）觉得被关注时就能在工作中发挥出更大的潜能，并能享受工作和快乐工作。在日常工作和重大项目中找出典型，树立榜样，能够提高公司的凝聚力和竞争力，这也体现了行政工作的重要性。

公司行政人事工作做得好，整个工作氛围、办公环境和人员的精神面貌都会发生翻天覆地的变化。行政人事部门就像公司发展的加油站，一定要"让积极向上的正能量加速推动公司的发展"！

将来公司可能会根据业务发展的需要成立其他部门，无论什么部门都要以本职工作为支点，为公司的发展壮大贡献力量，共同创造更多价值。

我们现有部门的工作主题就是：

业务部：发现创造价值，业绩就是尊严

商务部：平台联盟，合作共赢

投标部：细节决定成败

设计部：创意创造价值，以客户需求为本

工程部：安全质量一起抓，工期成本严把控

成本管控部：从细微处创造价值

供应部：性价比、反应快、计划强

集团各部门"部门工作主题"理论考试

财务部： 及时、清晰、准确，从服务到管理

行政人事部： 让积极向上的正能量加速推动公司的发展

我们已经把各个部门的工作流程制定出来了，对有些部门也作了具体要求，并都以表格化形式进行了公示。同时，我们定期举办"部门工作主题"理论考试，以便帮助大家明确工作目标，更好地完成本职工作。希望大家不要只知道低头做事，更要知道抬头看路。一切按照流程来做，工作就会少出差错，不出差错。大家一定要有危机意识，当你在公司老感觉无事可干时，你在公司的被需求性就快完了，当全部成员都无事可干时，我们共同发展的平台——公司，就快完了。

无论你在哪个部门，一定要坚信：领导可能是最能的，但一定不是万能的，在我的工作岗位上我是最能的！

第二部分　个体层面

第五章 我是谁

"我是谁"?

有人会直接回答说"我是×××""我的职务是×××",但仔细想想,名字只是我们的代号,职务是我们在特定环境中的一种社会身份。

"我是谁"是一个很深奥的哲学问题,有人说是"身、心、灵"的结合体。我们还探讨不了这么大的课题,我只想同大家探讨一下职场中"我是谁"的问题。"名字"是标注我们的代号,"职位"代表着社会地位,而当下的"职责"才能真正体现出职场中"我是谁"。

名字可能会变,但我们当下的社会分工不会发生变化。

职位是随时可能调动的,例如职位上会来一个新人,你敢说这个职位就是你吗?人在职场中职位有高低,角色各不同,但都有自己的职责,职责才是"我是谁"的真正体现。

公司请你来是解决问题的,不是制造麻烦的。现在是一个信息泛滥、思想爆炸的时代,每个人都有自己的思想,甚至是多种思想。有人说现在职场的三大梦想是:

一是位高权重、责任轻；

二是钱多事少、离家近；

三是数钱数到手抽筋，睡觉睡到自然醒。

试问"我是谁"才能有这样的待遇？

每个人都有理想，但有些人太理想化了，所以在现实中处处碰壁。

在团队中一定要分清"我是谁"？我的上级是谁？我的下级是谁？什么样的事情要和谁请示？完成工作后要向谁汇报？什么样的事情是我的职责所在？如果分不清"我是谁"，就会出现应该宏观调控的人在做微观具体的事，该做具体事的人整天指点江山，品头论足。现在发现一个现象：大企业的人员觉得让领导出面给解决问题，会显得自己无能；而小微企业中有些人则觉得不能让领导出面解决问题，会显得自己无能。

一个组织的效率取决于该组织人际关系的复杂程度，人际关系越简单，效率就越高。如上所述，分不清"我是谁"的组织效率能高吗？个人的工作价值＝能力×投入度×有效工作时间。如果我们的工作时间和投入度都是处理没完没了的人际关系，用在工作上为"0"时，我们的工作效率就是"0"。组织中每个成员的效率低了，整个组织的效率就会降低，绝大部分成员的效率高了该组织的效率才会高。

分清"我是谁"，才能找到自己的发展方向和能力提升的落脚

集团组织"我是谁"学习分享活动

点。要经常问问自己：我的职责是什么？要具备哪些专业技能？我管理的人员有谁？怎样才能驾驭现有的局面？我能给公司解决什么样的问题？如何提高自己的专业技能和管理水平？

分不清"我是谁"会害人害己。

有些人总是简单地从交易角度出发，整天想着"你给我多少钱，我就给你干多少活"，而且，这个多少活儿还是自己主观定下来的，一旦所干的活儿超出自己的心理界限，心中就会不平衡。更可怕的是，他把这个活儿只看成是自己做了多少事情或者干了多少工作，而没有去问这些活儿的结果如何，结果似乎与他无关。

当然，还有一些所谓的"聪明人"将自己的智慧用在如何让自己少干活多拿钱上，结果是业绩不能令领导满意，个人能力也得不到有效提升，浪费了青春年华。

能分清"我是谁"，才能认清自己在组织中的地位和身份，更能分清自己在整个工作链条中的位置。自己对接的上游是谁，下游是谁，怎样更好地衔接工作，就会形成一种"天职观"的信念。

如果分不清"我是谁"，自己工作都没有方向，计划也是模糊的，那么一旦出了问题就会推卸自己的责任。因为工作都是别人做的，与自己无关。一个组织内的成员分不清"我是谁"，就会一片混乱，本末倒置。不知道自己该干什么，不该干什么，相互扯皮，出了问题找不到责任人。有时在工作中取得一点成绩就沾沾自喜，更有甚者感觉自己"功高盖主"（"主"指团体），这也是没有分清

"我是谁"才膨胀成这样的。

在职场中分不清"我是谁"可能有两大主要原因：

一是团队内部分工不明确，责、权、利不清晰；

二是没有摆正自己的位置，得过且过地混日子，知道自己的职责也不愿去担当。

在职场中"我是谁"？

我是团队的一份子；

我要为团队承担自己的职责；

我要为团队的发展贡献自己的力量！

第六章 生活VS工作

生活和工作冲突吗？

有些人心中就有一个心魔：工作和生活是必须冲突的。而有这种心态的人大都不会享受生活和快乐工作，甚至家庭关系也经营不好。因此，公司经常组织一些活动，帮助员工放松身心，更好地平衡工作和生活。

大家所说的生活主要体现在孝敬父母、陪伴爱人、教育孩子、休息和健康（生命）等方面。

首先是孝敬父母。人有孝心是正确的、善良的信念。乌鸦都知反哺，何况是人！大家都说"在家敬父母，出门交朋友"，古人云"小孝孝其身，大孝孝其心，至孝孝其志"。孝的初级阶段是陪伴和守护，但更重要的是心与心的交流，最好能实现老人的心愿和未完成的志向。

如果你一事无成天天守在老人身边啃老、讨老人烦，你说他们会高兴吗？

但如果真到了只需陪伴和守护的时候，谁也不能阻止你行孝心，到时你不回去所有人都会鄙视你，你对自己的家人这么狠，对别人会更狠的，以后没有人愿意和你交往了。

陪伴爱人。我们现在的工作大部分都不是两地分居。即使是中长期的出差，爱人也知道你在公司的职位和责任。只要你走的是正道，做的是正事，都会理解的，但要经常沟通，相互鼓励。我们正是干事创业的年龄，"执子之手，与子偕老"的时间会很长。我们现在的奋斗也是为了老人、爱人和孩子都能过上理想的生活，为家庭的发展，作出更大的贡献。所以我们"宁做痛苦的人，也不做快乐的猪"。

教育孩子。"百年大计，教育为本"，孩子的教育是社会中最为重要的一件大事。有好多同事抱怨陪孩子的时间太少了。我曾开玩笑地对一个朋友说："如果你的心智模式不对，陪孩子的时间越长，对他的毒害就越深。"这是为什么呢？当孩子遇到问题或一种社会现象时问你："爸爸（妈妈）这是为什么呢？"若你的心智模式都不对，那你就不能正确回答或者回答得偏激，这样就容易培养出一个问题少年。父母是孩子的镜子，孩子是父母的影子，你给他照出什么，他就会显示什么。孩子刚出生时是一张白纸，而你是涂鸦的人。

陪伴孩子不是溺爱，一味地给他买玩具和膨化食品，去讨好他。幼儿阶段就是给他"定规矩、养习惯"，让他能"知自律、敢担当、懂感恩"，发现问题一定要及时改正，否则大了就很难管了。教育孩子就像公司管理员工一样，管理者都想让被管理者言听计从，但被管理者老想去触碰你的管理底线，甚至是红线。这就要让他知道触犯后的结果，这样他才不会再次挑战你的底线。

现在好多是"四二一"家庭，即四个老人（爷爷、奶奶、姥姥、姥爷），两个大人（爸爸、妈妈），一个孩子。六个人围着一个孩子转。"含在嘴里怕化了，捧在手里怕掉了"，一切以他为中心，这样很容易让他觉得所有人给我做事、服务都是应该的，但到了学校和社会上谁还会这么照顾他？长此以往，他就会自私：玩具和零食不愿与人分享，更不愿被分享"爱"。他也会认为"我的就是我的，你的也是我的"，这也是社会上形成"反弟弟妹妹联盟"的原因。自私的另一种表现形式就是他没有公德心。当他犯了一个错误甚至是犯法了，在别人指正时，他就会说"即使我这样了，也不允许你那样对我"，这都是以自我为中心的结果。现在有些媒体会刻意标榜几零后的思维方式，让他们有一种鹤立鸡群、自命不凡的感觉，都标新立异、不走寻常路，但忽略了人的本性和基本的道德规范，甚至不知"礼义廉耻"，更不知"感恩"一词。"授人以鱼不如授人以渔"，教会他怎么独立成长，养成"感恩、尊重、分享、阳光"的生活方式才是最重要的。我们要牢记"惯子如杀子"，不能剥夺他们在贫困中获取能力的权利。

现在批评人没素质、没教养都会说"这个人没文化"，有人对"文化"的定义是：

集团分批组织员工到广西桂林旅游

1. 根植于内心的修养；

2. 无需提醒的自觉；

3. 以约束为前提的自由；

4. 为别人着想的善良。

我们身上具备几项？我们的孩子又具备多少项？

现在好多孩子都是"高智商、低情商、无逆商"。

高智商：思维活跃、玩电脑游戏的能力高；

低情商：与人沟通和生活自理的能力低；

没逆商：没有处理突发事件和随机应变的能力。

哪怕你多长时间见不到孩子，但血缘关系是永恒的。只要能带给他积极阳光的一面，他就能立刻感知到，影响其一生，并以你为榜样，以你为荣。

休息。现在公司每月都会有休班，也都跟着国家的法定节假日休息。如家里有急事也可以随时请假或调休。会工作的人一定会休息。休息也不只是在家赖床，要有更阳光的生活方式。调节一下节奏，能更好地投入到工作中。"一张一弛"才是生存之道，"钱多、事少、离家近"，有时并不是你想要就会出现的。

健康。有人认为只要工作就会影响健康，这也是心魔在作怪。只有不正确的生活方式才会损害健康。

现在有些人和自己的老乡、同学、知己在一起喝酒喝得再多，第二天无论多难受，都能忍受，而要为工作应酬一次，就要难受好几天。为了自己的事熬夜晚休息，第二天都不觉得累；但要为工作熬夜，就会说影响身体健康了。

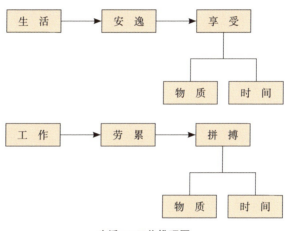

生活VS工作推理图

总体来推理：

这样就一目了然了。工作是为更好地生活提供物质基础，就是在时间分配上会发生冲突。时间对谁都是公平的，每天都是24小时，就看你用什么样的心态、年龄阶段、社会地位、家庭角色来分配了。我认为生活、工作之间不是绝对的绝缘体，｜生活｜ VS ｜工作｜，更不算同极相斥的概念。它们应是生活 ⇌ 工作，水乳交融，密不可分的，工作是生活的一部分。

如果你在工作时间接打了家里的电话或随机处理了生活事务，这算是工作时间还是生活时间？在休息时间看了一部好书或一部

生活 VS 工作循环图

对工作有意义的电影或对工作有用的资讯,那么这算生活还是工作?你在生活中遇到问题找同事或工作的客户帮助时,这算工作还是生活?在生活中用到工作所学的技能和经验,这又算什么?所以生活和工作是密不可分的。过程的主角都是你,都在一个时间、一个空间中发生,只是角色发生了变化而已。

对生活和工作不纠结的人都是会享受生活、快乐工作的人,也是对所发生的事情都能应对自如的高人。

我们要打破心魔,快乐工作,享受生活!

第七章 知情意行

有句谚语说:"播种行为,收获习惯;播种习惯,收获性格;播种性格,收获命运。"每一个人的今天都是由无数个昨天累积叠加呈现的"象",就是人的命运。人的命运是行为决定的,那么,什么决定了人的行为?是每一个人的思维方式。

我们想什么可能不重要,因为没有人能打开我们的脑壳,即使打开了也什么都看不到。只有行为动作和语言沟通方式才是显现的,这就是"我不要你觉得,我要我觉得"的基础。没有思维作支撑的行为动作很假、很生硬。因为我们人类是高等动物,所有的行为背后都有自己的思维作支撑。我们的心想事成法则是信念→行为→结果,只要信念坚定,行为有力,结果自然呈现。

为什么大部分人做不到"知行合一"?是因为没有情感的投入和坚强的意志推动。

"知"就如指引灯、灯塔,给指明了方向,但没有"情"和"意"的支撑,你就走不出去,就没有"行",永远活在理论的光环中。虽然有"知",但没有"情"和"意"的投入,"行"也会变形。

结果发生原理

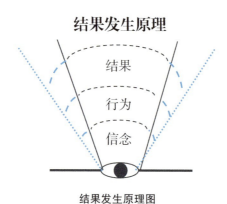

结果发生原理图

其实没有"知",有了"情"和"意"的推动,也会有"行",只不过是"事半功倍"和"事倍功半"的问题。"知"都是在"行"的实践中提炼出来的。

我们的"意识形态"会作用我们的"知、情、意、行"。"知、情、意、行"又会反作用我们的"意识形态"。"知、情、意、行"也是作用和反作用的。

一个团队只要思想统一了,步调就会一致,我们的"一把手"理论就会越来越有成效。

一把手理论:

我们是一个大家庭,对每一位家人在工作生活上都要搭把手;上下级,上下游,跨部门的工作抄抄手;看到不对的流程、影响公司形象和利益的地方摆摆手;对造成不良影响的人和事弥补损失后要抬抬手;对同事的工作和生活上的成绩拍拍手;这样我们才是一只强有力的拳头，打得出去，收得回来，紧密团结，步调一致。

（一）搭把手　　（二）抄抄手　　（三）摆摆手

（四）抬抬手　　（五）拍拍手　　（六）拳头

"一把手"理论示意图

每个人的意识形态是不一样的。我们应从四个方面来修正和提高我们的意识形态，最终指导我们的行为动作，达到整齐划一，内外一致。

一、知（思维认知）

每个人都有自己的思维习惯和认知通道，没有绝对的对与错，但能不能经得起时间、事件发展的检验，符不符合主流的价值观就不一定了。每个人的价值观是思维的主轴，也就是思维之根。不能影响行为动作的认知都是虚假的认知，就是一句空洞的口号而已。

所以我们要梳理提炼我们的价值观并不断宣讲，否则你在变，但你都不知道你在变。我们每个人都有自我界限、他人界限，在与人交往时都会形成公共界限。

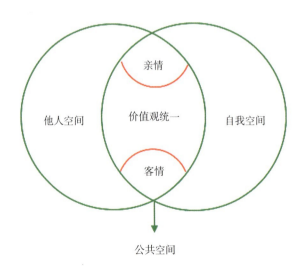

自我空间、他人空间、公共空间

我们只有把公共界限维护好，友谊的小船才不会说翻就翻。公共界限中价值观的统一是最重要的，我们要有我们的"做人准则：感恩、尊重、分享、阳光"；"做事原则：利他、合作"；"经营宗旨：绝不诋毁和诽谤竞争对手，共同创造更多价值"。我们通过不断拓展自我界限，用"假如我是他"的同理心换位思考，并指导我们的行为动作。

养成独立思考的习惯也是提高我们思维模式的重要渠道，发挥自身极限，调动外部资源。完成本职工作，超越本职工作，知道"我是谁"，对职业有敬畏心，保持"天职观"，共同树立"执行文化"，加强"执行力"，坚定"执行"，能够独立完成工作才是独立思考的体现。

通过"PEPC"中的"过程演练"，分清结果和过程。分清什么人管结果，什么人管过程，就会对结果更加聚焦，独立思考、各司其职。人的内心都有两只狼，一只善狼，一只恶狼，它们无时不在打架，但你喂哪一个，哪一个就会赢。要敢于与自己的内心对话，真正找出自己的不足。通过反思，努力让自己做一个有原则性的"好人"，这样才可以游刃有余，因为好人喜欢好人，坏人也喜欢好人。

我们的思考维度也常常会出现问题，思考的顺序不是1→2→3，思考的深度太浅，缺乏纵深思考，很多时候不能够透过现象看到本质。有些人的思考维度甚至是一维的，不能为了某件事情去聚焦。还有个别人员，大脑成了传送带，对得到的信息不存储、不分析，直接输送给领导，这种不独立思考的习惯是要坚决改正的。以后我们在和别人交往的过程中，思考的维度要再深一些，思考的广度要再宽一些。

二、情（情感投入）

投入度是指一个人投入到某件事物的程度。如何评价投入度的高低？我们的定义是：当没有达到目标或者预期结果时，一个人内心自责和内疚的程度。一旦把人的投入度调动起来，就能推动"情"的投入。当一个人全身心投入时就会自觉主动去克服困难，努力让结果呈现。

我们应该将每日所做之事加以反思，找到个人要求和领导要求的差距。站在上级的角度去思考问题，站在下级的角度去解决问题，做到持续、高效、专注。不能一有问题就对外找原因，人一旦进入讲道理的阶段都会产生利益性偏见，为自己找借口，就是希望不被外界指责，不受内心自责。

现在好多人都说"自律"，但大部分都停留在口号层面，不能真正悟得精髓，并指导行为动作。自律的前提是推迟满足，面对问题感受痛苦，才能解决问题享受到更大的快乐，享受在前，吃苦在后的人都不是自律的人。只有做到了"感恩、尊重、分享、阳光"，我们才能改变自己的气场和能量，才能心中充满阳光，积极工作。

"价值创造要积极、价值评估要利他、价值分配要感恩"。不管在什么岗位上，都要以竭尽全力的积极心态和责任感，尽自己所能，发挥潜能，去体现岗位价值。我在《我们可以做得更好》一文里面说过："每天晚上一定要将当日所做之事加以反思。"但我们有时对自己的工作没有基本的敬畏心，忘记了"我是谁"，缺乏对自己负责、对他人负责的担当精神，最后得出事情没有完成不是我的原因、与自己没有任何关系的结论，忘记了"人不反思必自私"。

我们读过一本书叫《为自己工作到最好》，薪酬取决于什么？并不取决于谁付出的多少，是否辛苦；你的薪酬高低，是取决于你的重要性。还有一句话叫你今天付出了，没有当场回报，可能有一天会变成存折连本带利还给你。一些人当事后没有及时得到物质和精神奖励时，就委屈得不行，以后就自暴自弃，拿着自己的眼前利益，出卖了自己的未来。

三、意（意志坚定）

我们很大一部分工作是不能在正常上班时间完成的。我们只有不停地凝思聚力，才会有昙花·现的灵感。规定的上班时间只能完成规定的动作，而看不见的上班时间才能真正体现投入度，下班以后的生活状态决定了你的一生。

通过有创新、有提高的全员培训和有目的、有意义的部门培训，加强团队建设，让每一个人都不定期地参与多种形式的团队成果展示与分享，使个人目标和公司目标成为共同的目标，个人和公司共同发展时，团队成员的团队精神就会提高。

奖罚也是如此，当我们在工作中出现问题，给公司抹了黑时；当我们在工程管理过程中，出现质量、安全问题时，都应当举一反三，认真进行总结分析，引以为戒，防止再次出现同样的问题。只有这样才能树立良好的团队纪律和风气。

我们一定要发挥投入度的积极性，营造出一种良好的氛围，使大家都能以最佳的效率为实现工作目标多做贡献。如果我们点的效率提高了，线的效率也提高了，面的效率自然就更高了。同时，也要注重精神上的表扬和宣导，两者结合才会事事都有榜样，事事都有目标。

四、行（行为动作）

行为动作养成的是习惯，形成的是文化。我们要在日常工作中把这样的文化融入每一个环节，渗透到日常的工作中，引导我们的行为习惯，形成共同的信念和价值观。

我们要从规定的行为动作做起，反向影响思维方式，用"武化"推动"文化"落地（武化指各种技术和方法；文化指我们的企业文化和理念）。就像部队入伍先学敬礼一样，培养从长、从上的习惯，一切行动听指挥。

我们规定的行为习惯有长效机制、礼仪规范和随机行为。长效机制的会议制度、学习计划、工作回复都要持之以恒、常抓不懈，这样才能实现遇到问题想也不想就知道怎么去做。

会议包括晨会、周例会、月度总结分析会、专题会议，还有其他一些临时性的会议。我们开会的主要目的是让大家能够及时发现、总结工作中存在的问题，并加以解决。

有一部分人，在领导把工作安排下去之后没有回音，回复不及时，当领导问起的时候，才汇报事情的完成情况。当你在回复工作的时候，"时、空、角"是否发生了转换，与现场实际发生情况是否吻合，都需要去判断和分析。

我们编写了自己的《商务礼仪手册》一书，目的是让大家学习礼仪，运用礼仪，及时指导自己的工作。有些人认为礼仪很假，这主要是没走心，不能融会贯通，随心而发。当你深入理解礼仪以后，在学习和运用的过程中就会发现所有的礼仪都是"利他"而发的。你越有利于他人，他人就越有利于你。还有人认为"我天生情商就不够"，与人沟通交流顾及不了这么多礼仪。其实你不是情商低，是太自私不能站在"利他"的角度上去做事，只顾着让自己舒服。如果我们在生活中、工作中不注意细节，不重视礼节、礼仪，就会在不知不觉中伤害或得罪周边的人。在"时、空、角"不断变

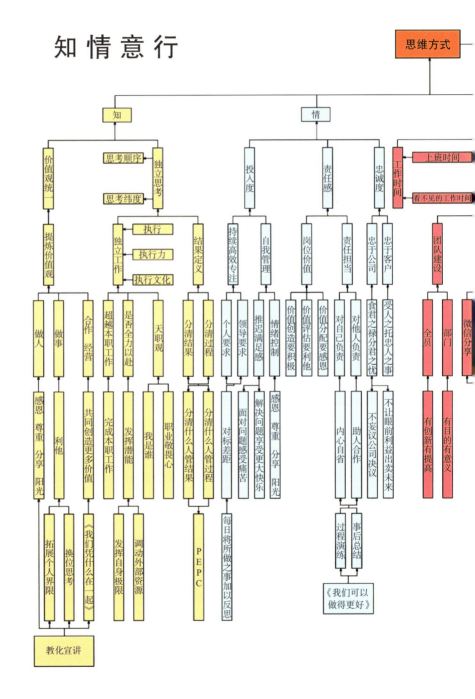

```
行为动作 → 习惯 → 性格 → 命运
```

```
意
├── 团队精神
│   ├── 成果展示
│   │   └── 展板分享
│   └── 捆绑发展
│       └── 会议分享
├── 个人荣辱
│   ├── 表扬
│   │   └── 公司目标
│   │       └── 共同目标共同任务
│   └── 批评
│       ├── 个人目标
│       └── 公示
│           └── 总结分析
└── 物质奖励
    ├── 奖
    │   └── 奖励
    ├── 罚
    │   └── 众筹
    └── 红利
        └── 奖励共勉

行
├── 长效机制
│   ├── 会议
│   │   ├── 例会
│   │   │   ├── 晨会
│   │   │   └── 周例会
│   │   ├── 专题会议
│   │   │   └── 分析会
│   │   └── 临时会议
│   │       └── 有针对性
│   ├── 学习
│   │   ├── 学习心态
│   │   └── 自我学习
│   └── 工作回复
│       ├── 及时性
│       └── 准确性
│           └── 结果定义
├── 礼仪规范
│   ├── 常规礼仪
│   │   └── 礼仪手册
│   │       └── 总结学习
│   └── 知识理论
└── 随机行为
    └── 现场应变
        └── 及时指导
            └── 结合实际
```

播种思维，收获行为；
播种行为，收获习惯；
播种习惯，收获性格；
播种性格，收获命运。

💡"知"犹如指引灯、航塔，给指明了方向。但没有"情"和"意"的支撑，你就走不出去，就没有"行"，永远活在理论的光环中。

💡虽然有"知"，但如果没有"情"和"意"的投入，"行"也会变形。

💡其实没有"知"，有了"情"和"意"的推动，也会有"行"，只不过是"事半功倍"和"事倍功半"的问题。"知"都是在"行"的实践总结中提炼出来的。

化的情况下，要将商务礼仪融会贯通，自然而发。

特定的时间和事件一定要理论结合实践，时刻充实自己，提高自己。学习无处不在，时刻保持学习的心态最重要。大家在企业文化、专业技能、商务礼仪等方面都要加强学习，争取把我们的团队打造成一个"学习型、进取型"团队。

我们区别于他人的就是我们的行为动作，任何的认知都是为"行"服务的，没有行的"知"就是"假、大、空、虚"。这个社会不缺理论家，也不缺评论家，缺的是实干家。老鼠们都知道给猫的脖子挂上铃铛，它们就安全了。但怎么挂？谁去挂？不要做语言的巨人，行动的矮子。只有"知、情、意"支撑的"行"才是最有力的"行"。我们要用"武化"推动"文化"落地，结合现场的实际工作综合运用"知、情、意、行"，随机应变，养成良好的行为习惯，做到守道、悟道，形成积极向上的企业文化。

我们公司所有人就像走在一个黑暗的球体中。如果思想不统一、行动不一致，你还敢把后背露给队友吗？如果每个人都有自己的思维和独立的行为，球体的最佳状态是360°平均受力，是静止的，若都在互相斥力，甚至会后退。谁也不知道明天的市场会发生什么变化，只有我们统一思想，团队内只有"一个思想、一种声音、一个信念、一个发展方向"，我们的球体才能迅速运转。世界因未知而精彩，我们因合力才有更大的动力！

第八章 专业技能和方法论

专业技能是指求职者在特定领域所具备的专业技术水平及能力，包括教育经历、培训经历、工作经历等。

我们要在职场中生存，专业技能是必备的素养，否则单兵作战就会演变成滥竽充数。随着时代的变化、公司的发展，我们的专业技能水平也应与时俱进。

方法论是认识世界、改造世界的方法理论，是指用什么样的方式、方法来观察事物和处理问题，主要说明"怎么办"的问题。万事万物的发展变化都有其必然的连续性和规律性，深入洞察其中就能发现事物发展的趋势。

我们在遇到或解决超越我们专业技能的问题时，需要有方法论的支撑。长期进行习惯训练和思维养成，才能有遇到问题想也不用去想的下意识行为。

我们在公司或社会中所处位置的不同，对专业技能和方法论的要求比例也就不同。

当我们是一名基层员工时，一定要专业技能大于方法论，不能天天夸夸其谈，否则就是不学无术。不能该干的事一点也搞不清楚，与自己无关的事样样精通。在基层我们要知道自己生存的依据是什么，要把本职工作做好，在不断提升专业技能的同时，去发现事物的发展规律，为将来的发展打下坚实的基础。

当我们是中层管理者时，要专业技能约等于方法论。我们的中层既是一名带头兵也是一名基层管理者，带头干活就需要以过硬的专业技能带兵服众。作为一名管理者每天都要遇到不同的人和事，貌似没有规律可言，可用方法论的思维就能找到规律并能找出解决的方法。所以到一定阶段时，不要只知低头做事，还要学会抬头看路。

当我们是高层管理者时，一定要方法论大于专业技能。我们都不是万能的，不可能在每个领域都领先。所以高层管理者尽量不要掉到具体事务里面去，否则你就永远也拔不出腿来，也培养不了人，锻炼不了人，很容易形成大树底下不长草的悲剧局面。高层管理者更应想的是宏观战略和管控方向，怎样应对复杂局面和瞬息万变的挑战。通过现象看到本质，发现"象"以下的真相并找到"势能"，带领专业人士乘势而上才是高层的职责。

专业技能是"务实"，方法论就是"务虚"。"实"要用"虚"来升华，"虚"要用"实"来支撑。

有些人的方法论不正确，是因为他的世界观不正确，世界观是指处在什么样的位置、用什么样的眼光去看待与分析事物，它是人

集团组织中高层《专业技能与方法论》培训学习

对事物判断的反应，它是人们对世界的基本看法和观点。世界观主要说明在你眼中世界"是什么"的问题，方法论主要说明"怎么办"的问题，你有什么样的世界观就有什么样的方法论。例如有些人的世界观是"有钱能使鬼推磨"，那么他的方法论里就只有物质攻心，就会缺乏思想和精神层面的链接。所以，"三观"决定了你的方法论的使用方向。

我们的"PEPC""三有勇士""一把手"等都是我们的方法论，只有坚持正确的三观，并与方法论和超强的专业技能相结合运用，才能取得想要的结果。我们有时不是不够努力，而是不够正确。

一定要分清"我是谁"，要知道我们当下的职责、岗位是什么，应该埋头苦干还是指点江山，应该迅速提高专业技能还是学习方法论。给自己定好位才能遇到更好的自己。

有时安排一个任务，有人会说，我们大学学的不是这个专业，我认为作为一名基层人员还可以原谅，到了中高层就不可谅解了。专业知识和专业技能只是给我们养成了一种惯性思维，而方法论的学习和应用是我们发现问题和解决问题的万能法宝，大学中没有"书记""局长""老板"等专业，为什么有些人跨了很多岗位都很厉害？因为他们掌握了"方法论"，能游刃有余，出类拔萃。

我们以前需要的是老黄牛，扎实、能干、任劳任怨，后来我们需要的是猴子，沟通能力强，管理水平高。现在我们需要的是金刚，有凝聚力、敢担当、能独当一面。我们的老同事能否从老黄牛→猴子→金刚，跟上公司的发展步伐，让专业技能和方法论同步提高，是决定公司和自己发展的关键。

我们现在迎来了史无前例的机遇和挑战，专业技能和方法论两手都要抓，两手都要硬，这样我们才能走在同行业的前列，才能无愧自己的大好年华，才能越来越强。

第九章 做最好的中层

公司的部门经理和中层管理人员是公司与员工之间承上启下的重要纽带和桥梁，是公司战略上传下达和员工诉求得以实现的重要通道。如果这个桥梁和通道畅通了，公司上下就会团结一心，众志成城；一旦堵塞，上级就会成为聋子，下级就会成为瞎子。

站在上级的角度（甚至公司层面上）思考问题，处在下级的岗位上解决问题，是中层的定位，绝不能让桥梁和通道变为欺下瞒上的天花板。要成为公司发展的润滑剂，做一名"率先垂范、团结奉献、服从执行"的带头人。这也对我们中层管理人员的个人素质和管理水平提出了很高的要求。我们既是一名带头兵也是一名管理者，具体的事务要做，管理也要尽职，做不好就会成为"受气筒"，做得好就会成为部门和公司的"打气筒"。怎样成为一名优秀的中层管理者：

一、养人

养人分为技能培养和文化熏陶两个层面:

(一)技能培养

在专业技能上要培养我们的基层员工和新员工。要做到"知无不言、言无不尽",耐心、细致地培训,虽然过程很难,但你把他教会了,在今后的工作中你就可以解脱了。千万不要把对方当成理想状态下的人,不然就会进入他一问你你就烦,你一烦他就不敢问你的恶性循环中。也不要有"教会徒弟、饿死师傅"的心态,人都是在不断充电—放电—充电的学习过程中成长的。平时不练兵,那么到任务来临的时候就还是你自己孤军奋战。如果是这样的话,你充其量是个好员工,但绝不是一个合格的管理者。部门的人才梯队建设和培养也要有计划性,不能因为一个人离岗就手忙脚乱。中层管理者帮助部门成员制订阶段的工作计划,列出当日工作清单,并检查完成情况,适时放权,逐渐培养他们独立工作的能力,这样才能使人迅速成长。

(二)文化熏陶

以公司的企业文化为根,结合自己的性格和管理方式,形成独有的"人格魅力"和管理方法,下属对你有敬畏心时你的队伍就好带了。让公司的战略传到每个人的耳朵里，落实到行动上；让公司的文化根植到每个人的心中，落实到行动上；让公司积极向上的正能量感染、鼓励到每一个人，落实到行动上；这是每一名中层管理者的任务。要关心人、爱护人，不能官不大威不小，把下属变为自己"情绪的垃圾桶"，把部门变为自己的自留地，随心所欲、为所欲为，有时你在变，你都不知道你在变。要记得"责任是争出来的，功劳是让出来的"，只有真正关心人、爱护人，到用人时大家才会不遗余力。一定要把人的社会性发挥出来，关注每一位成员的喜怒哀乐，把家庭生活和公司工作结合起来，对外做狼，对内做羊；做事像狼，做人像羊。部门内的团建和思想工作不能只让行政部门来做。

杜绝"伪工作"，能够分清"隐形人""边缘人""木头人"，及时采用"下沉式"工作法摸清实际情况，部门内风清气正、步调一致时，每个人就能快乐工作、享受工作了。

现在有些部门负责人不养人，平时就留不住人，人一走了就和公司要人，让行政部立刻招人。好像到大街上能一抓一把一样，而且是要"召之即来、来之能战、战之必胜"的理想人。试想一下就算这样的人来了，能在你手下待多久呢？有人说反正我不管，没人我的工作就没法开展，到时还是公司去解决吧！离职的那些人都是他们不对才离职的，这种人只想用人的长处，而容不下人的短处。你不想一想招聘需要多少成本，从培训到能正式工作需要多少成本，从独立工作到离职又需要多少成本。培养新员工是一个很长的过程，花了这么多的财力和精力才培养成才，因为你的不养人造成他的离职，如果他不从事这个行业了，就是行业中的一个损失；如果他跳到同行企业中，就是公司的巨大损失了。

人才是公司发展的唯一源泉。

大家在一起久了不但要有亲情还要有客情，更重要的是价值观要统一，这样我们友谊的小船才能牢固长久，才能一起越走越远。

二、自我提高

我们的中层管理人员大部分是从一线转岗过来的，个人的专业技能都是一流的，但"搭班子、带队伍"还需锻炼，有些人甚至"被经理"了。我们的自我学习理念"加强学习、勇于担当、学会包容、控制情绪"需坚持不懈。

我们的"一把手理论"要贯穿工作的全过程（一把手理论是指，对每一位家人在工作生活上都要搭把手；上下级、上下游、跨部门的工作抄抄手；看到不对的流程、影响公司形象和利益的地方摆摆手；对造成不良影响的人和事弥补损失后要抬抬手；对同事的工作和生活上的成绩拍拍手；这样我们才是一只强有力的拳头，打得出去，收得回来，紧密团结、步调一致）。

做好奥斯福"三有勇士"的带头人（三有：有血性、有斗志、有办法）。

只要我们起到了模范作用，大家自然就会拥护你了。部门团队建设好了，我们的工作就会得心应手，就能把更多的工作精力投入到发展中去。

紧扣部门工作主题，中层管理者可以多形式开展团建工作。

（一）自我提高和全员提高齐抓共进，提高自我的要求和工作标准，通过"知、情、意、行"的学习，让理念落实到行动中。

（二）我虽然是一名中层管理者，不能决定你的薪酬和岗位，但我能保证你在部门中快乐工作，并实现你人生的价值。这就是"我的价值所在"。

（三）一定要摆正位置、端正心态，不能一有成绩就据为己有，无限放大，甚至翘起大尾巴，居功自傲。对上要谦虚，对下要尊重，这样才能树立起自己的威信，才能成就更大的业绩。

三、上下联动

有一些决策的权限不在中层管理者手中，这就需要打开上下的通道，把公司的决策不折不扣地传达落实。要把部门的需求和员工的诉求报上来，大家群策群力，及时化解当下的主要矛盾，为公司的战略和部门的发展提出具体的合理化的建议，让上下真正联动起来，认清"我是谁"，分清"为了谁""依靠谁"。

公司是由各个部门组成的，只要每个部门把工作都做好了，公司的愿景自然也就实现了。

综合来看，中层管理人员是公司对内对外的重要联络站，一定要分清"时、空、角"，常怀一颗"假如我是他"的同理心。

中层管理者应具备的能力和职能是复杂多样的，中层管理者对上要忠诚，对下要担当；对外要干净，对内要团结。中层弱则公司弱，中层强则公司强。

望大家时刻怀有"前有墙后有狼"的紧迫感和危机感，与时俱进，共同进步！

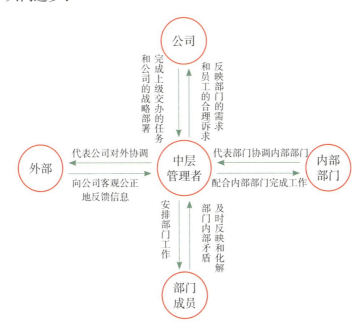

中层管理者对上对下、对内对外工作职能

第三部分　群体层面

第十章 我们凭什么在一起

大家看到这句话时，肯定有一种伪命题的感觉，就像"人为什么活着"一样，我先来给大家说一下我对"人为什么活着"的认识，有些人认为是因为没死才活着，往更高层次想一想"人为什么活着"，最重要的是一种"被需求性"的需要。

基本的被需求是人的生存需求，再高一点的被需求是家庭社会责任的需求，赡养老人、照顾爱人、养育子女和其他角色的被需求，更高的可能是精神领域的被需求。但当一个人没有了被需求的时候，他的精神世界是空虚的，他认为自己是家庭和社会的累赘；不能体现和创造价值时，他就会觉得自己是负担，活着就没有意义，这就是大部分自杀者的最终心态。"被需求性"才是"人为什么活着"的动力和基本立脚点。

现在问"我们凭什么在一起？"有人会说：你招聘我来，我们就在一起了。是因为在一起了才在一起的。你再深层次地想一想，我们在一起的动力和立足点是什么？是因为你来上班，公司就给你发工资吗？你有没有被需求性呢？没有被需求的话，我们的合作还能走多远？公司是营利的机构，不是慈善天堂、不是福利院。我认为企业和员工连接的唯一桥梁是——"共同创造更多价值"。

首先，你要愿意同大家一起行动起来，是发自内心的，不做企业的寄生虫，现在都在讲"团队"一词，团队成员在一起更多的是奉献，不是一味地索取。团队成员存在的价值就是形成1+1>2的效果。

如公司除了你之外的个人或部门，在长期工作中或在一个项目中创造的价值为1，你创造的价值为X（当你出现重大失误或极不负责任时，X是小于0的，就是负值）。

当1+X≤1时，你在团队中就是一个负能量的人，是一个没有被需求性的人，所以你就是企业中的吸血鬼。

当1+X＜2时，你就是这个团队的累赘，你就是企业中的寄生虫。

当1+X=2时，你才有在团队中存在的资格，大家都发挥出了应有的价值和能量。

最好的结果是1+X＞2，把自己的价值发挥到极限，你才会在团队中被更多的人尊重，自己的被需求性被提高，你才能成为团队中的领袖。

大家完成一个项目或在一定的时间节点时，可以扪心自问一下，我的X值到底是多少。

当你总是处于1+X≤1的状态中，你就是企业马上要淘汰的人；

当你总是处于 1+X＜2 的状态中，你就是企业将要淘汰的人，除非你能迅速调整自己的投入度或提高自己的专业技能；

当你总是处于 1+X=2 的状态中，说明你还有更大的提升空间；

当你总是处于 1+X＞2 的状态中，又不能得到公司的重用时，您放心，您走到哪里都是一条龙。

1 和 X 可以是一对一，可以是一对多，也可以是多对多。即，可以是我和你，可以是你和我们、我们和你们的对比。一个项目的结束或在一定的时间节点内的工作价值都可以作对比，如：

你+我=完成结果，或是你+团队其他成员=完成结果，或是你们（部门）+团队其他成员=完成结果。你或你们价值是 0 或随时可以被别人取代时，公式就变成了：我=完成结果或是团队其他成员=完成结果。大家找找你和你们的部门在哪呢？

大家一定要把 1+X 理论运用到工作中，甚至是生活中。你在别人心目中就是 X，被需求性提高了，你的 X 就增值了。1 和 X 都是一个能量集的表现形式，你要想进入一个更高层次的群体，必须提高自己 X 值的含金量，这样才能结交到能量集更大的 1。人都喜欢交往有能量的人或是能量集比自己高的人。但你的能量集在人家的心目中是小于 1 的，甚至是人家的累赘，那么还会有人长期和你交往吗？甚至有些老乡、同学、朋友、战友，人家的能量集成太大了，你都不好意思去找人家了。反过来也是一样，你愿意长期交往是累赘的人吗？

1和X在时间、空间、角色的变化中会随时发生变化，只有你的1变得更强大了，才有更多X和有更大能量集的X围绕在你的身边，并给你提供帮助，这就是求人不如求己。有时不要怨人太势利，是因为你的X值在他心目中太小了。你若盛开，蝴蝶自来；你若强大，世界都会在你脚下！

　　大家都应该有这种感觉，在你人生道路上你自愿地和一些人走得远了，也有一些人故意疏远了你，到底是什么原因呢？我认为有两点：一是你们的价值观不同了；二是不能共同创造更多价值了。也就是1+X＜2（X代表他在你心目中的能力）或X+1＜2（X代表你在他心目中的能力）。

　　我们以前是加工生产型企业，现在变成了业务型和管理型为主的企业。我曾经说过，我以前需要的是老黄牛，扎实、能干、任劳任怨；现在我们需要的是猴子，沟通能力强、管理水平高、能八面玲珑；将来我们需要的是金刚，有凝聚力、敢担当、能独当一面。所以，我们也要跟上公司发展的步伐，从以前的能干活到懂沟通、懂管理再到独当一面，一定要与时俱进才行。有人认为我就是"老黄牛"型的人，干好活就行了，不需要改变，但我们现在基本没有具体的体力劳动，你跟不上发展就会被淘汰，否则你就要迅速改变、提高，一定要相信只要肯努力就会有所获。

　　这几年我很纠结，老想去改变人，我现在开悟了。只能改变想改变的人，提高想提高的人，因为人的价值观是不一样的。

集团中高层户外团建学习交流会

价值观是基于人的一定的思维感官之上而作出的认知、理解、判断或抉择，也就是人认定事物、辨定是非的一种思维或取向，价值观有主观性、稳定性和持久性，也有历史性和选择性。

在现在这个舆论导向不明确的时代，受到一些自媒体的影响，大家可能对事物的认知和判断有分歧。我认为在公司内部必须树立一个正确的舆论导向，建立一种共同的价值观。否则，我们说公司要发展，而你认为很好了，最终的结局一定是"道不同，不相为谋"了。公司只能带动和招进"志同道合"的家人们共同发展。

古人说的"道不同，不相为谋"和"志同道合"中的"道"和"志"都是指的价值观。现在我明白了，我想让你改变、想让你提高，公司需要你我共同动起来，去发展壮大。但是你的价值观反馈给你的思维是：这样就很好了。甚至我们认为是对的，你认为就是错的，我们认为是错的，你就会认为是对的，这都是价值观不同才会发生的。这就是我平常说的"我以为，你以为的并不是你真以为的"。

所以说一个团队内必须只有"一个思想，一种声音，一个信念，一个发展方向"，少一些"自我"和"个性"，这样才能形成"一个共同的价值观"，才能让"更多的不可能成为有可能"。

"我们凭什么在一起"的唯一桥梁就是有共同的价值观——共同创造更多价值！

第十一章 我们要做狼还是羊

公司内部一直倡导"我们是相亲相爱的一家人"的主流文化，也就是柔性的"羊文化"。我们力争打造一个"和谐、奉献"的团队，倡导的是温情、贴心，遵守的是"仁、义、礼、智、信"。注重共同成长，然后通过对人性价值的重视，使员工对企业有归属感；但也忽视了"羊"的另一面，"保守、懦弱、依赖"，使人很容易成为"温水中的青蛙"，缺乏"生于忧患，死于安乐"的危机感。有时会出现"对内不护犊子，对外不敢瞪眼珠子"的现象。

我们同时也提出用刚性的"狼文化"倡导大家去争、去搏，"胜则举杯相庆，败则拔刀相助"。不要因为害怕驾驭不了狼性的"虚伪、贪婪、残暴"而去回避它，从而忽略了狼性的积极方面：

第一，有危机感，有敏锐的嗅觉；

第二，有奋斗进取精神，不达目的誓不罢休；

第三，有团队凝聚力、群体奋斗的意识。

我们在今后的发展中要做到在注重"家庭文化"的同时引入"竞争文化"，也就是"羊文化"和"狼文化"共存，二者都应取其精华去其糟粕。对内是"羊",对外是"狼";做人是"羊",做事是"狼";"对待朋友要像春天般温暖,对待敌人要像严冬一样残酷无情"。

大家都知道做事时,有信念→行为→成果的逻辑顺序,大家关注更多的是成果,但其实信念是起决定性作用的。如果信念不坚定,就会行为无力,成果也就会出现偏差。拥有一只老鼠的心态,那么就算把你变成老虎也是无济于事的。"敌人像弹簧,你弱他就强"。

狼是野生的,羊是圈养的。

我们现在身上的"羊气"太重,有了困难就找领导,缺少担当和必胜的信念,依赖性太强,没有狼的血性、斗志和协同作战的能力,没有"王侯将相宁有种乎""欲与天公试比高"的霸气,少了一些"气门"。大家在电视剧或现实生活看到的突发事件、自然灾害,广大的武警官兵和战士们在接到命令时,都第一时间起立敬礼,"报告首长,保证完成任务"。有时,指挥员和官兵们都知道去了就是牺牲,但他们还是能够接受任务并竭尽全力去完成任务,这就是斗志。在电视剧《亮剑》中对亮剑精神的解释是:古代剑客们在与对手狭路相逢时,无论对手有多么的强大,就算对手是天下第一剑客,明知不敌,也要亮出自己的宝剑。即使倒在对手剑下,也虽败犹荣。而我们现在缺的就是这种狼性精神,所以我们要力争打造出这种"召之即来、来之能战、战之必胜"的团队。

狼群一旦发现猎物，就会眼神放光，捕捉时分工明确，而且耐性十足，成功后才大口吃肉，结果绝对聚焦。狼是绝不会离开团队的，因为它知道，凭一己之力是捕不到猎物的。植物也是如此。你注意看在荒芜的地方，如果只有一棵树，它绝对长不大也长不直，因为它挡不了风雨。

我们现在的信念有时不坚定，接到任务不敢保证完成，汇报工作不敢说时间和节点，害怕被检视，事后总觉得与自己无关，损失都由公司来承担。如果在工作中客户不满意、公司领导不满意、团队成员不满意，你自己会觉得满意吗？有些人在本职工作中常以"我不知道""我不懂""我管理不了""我也没办法"为借口，事事都推给领导解决。也不想想你尽力了吗？尽心了吗？人一旦在舒适地带待的时间长了，就会像温水中的青蛙一样，没有危机意识和拼搏精神，到了想跳出来时，就会有心无力或无心无力，处理起复杂问题来也觉得无从下手。长期依赖别人就会没有危机感，现在公司的老员工遇到经济困难时都会从公司借支，但遇到问题还是推脱。公司的钱也不是风刮来的，都是大家辛苦挣的，你不努力，我不努力，公司早晚会破产的。

我们倡导的狼性精神是以不违反道德和法律底线为前提的。所谓的血性绝不是和谁去争去吵，看谁的嗓门大，如果争吵能解决问题的话，那么驴将统治世界。血性也不是一个劲地蛮干，绝不是把谁弄死而后快，而是善良≠懦弱、高回报≠不负责任、推诿≠解决问题的信念;说了就算、定了就干,到了规定的时间就必须要有展现成果的决心;有"我的地盘我做主"的霸气(在公司授权范围内的本职工作,第一不失职,第二不越位,第三不越权);如达不成结果有强烈的自责和内疚感;说话有方法、做事有办法,工作理念一切以结果为导向;有如果公司是我的或这个事是我自己的该怎么去干的必胜心。现在都说"顺其自然",好多人认为是不去努力奋斗,躺在床上睡大觉,等着天上掉馅饼,天天想中奖都不去买彩票的"顺其自然"。其实真正的"顺其自然"应是发挥"三上三要"精神、"尽人力、听天命"的"顺其自然",努力到无能为力的"顺其自然"。

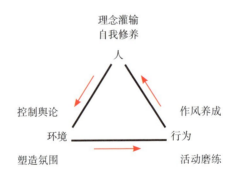

人—环境—行为循环链条

如果将一只狼圈养习惯了,天天衣食无忧,它也会产生惰性,奔跑能力和反应能力都会下降,最后可能变成一只温顺的狗。如果让羊生长在狼天天出没的地方,它的危机意识就会强,和其他的羊比起来，警觉性和灵敏性会更高。所以，我们必须通过循环链条来锻炼激发自身的"狼性"。

"狼文化"是一种拼搏进取的外拓文化，"羊文化"是一种默默奉献的内敛文化。我们都应成为"狼、羊"的共同体，让狼的血性和斗志填补羊的懦弱和依赖，让羊的奉献和感恩弥补狼的贪婪和残暴。

让我们以大家庭的责任感，去激发有血性和斗志的拼搏精神，以丰收的果实来回馈成员的物质和精神生活。接收到什么信息就会产生什么样的信念。信念决定行为，行为有效，成果自然展现。

"狼、羊"并存才是我们的生存发展之道！

第十二章 我们为什么这么忙

近几年我们大家都觉得很忙碌，基本都在加班加点地付出。我们为什么这么忙？业务量大是重要因素，也说明我们现在走的是上坡路，一直在负重前行，但我觉得我们忙的真正原因有以下五个方面：

一、近几年承接的业务超过了原有的业务范畴

业务类型不可能是一成不变的，我们这些年走过来，也都赶在了行业的前沿，顺势而为。我们现在是高新技术企业，将来要持续提升科技创新能力，引领前沿科技。我们不能只跟随前沿科技企业，不能一直生存在固定的业务舒适地带中。一个企业没有了挑战，没有了创新，没有了冒险，也就没有了灵魂，离被淘汰也就不远了。唯有与时俱进，才是发展之道；唯有在不断地挑战中，才会越来越强。

二、原有的专业技能和现在的业务匹配度出现了问题

工作中一旦出现"技能恐慌"就会束手无策、等待救援。此时我们应该静下心来,群策群力,都不要把队友当成理想状态下的人,要把精力和焦点放在解决问题上,而不是不断抱怨和内耗。动用一切可以为我们所用的资源去解决问题,使结果得以实现。时代在前进,科技在发展,专业技能的提升是伴随我们终生的,没有一劳永逸的技能。我们现在走的是业务型、管理型路线,一定要多用脑去想,找到事物的规律和捷径,不要让身体的忙碌掩盖思维的懒惰。

三、现在的工作流程影响了工作效率

永远都不可能有完美无缺的流程。有时流程是死的,人是活的。我们曾经说过,在特定的"时、空、角"下为了公司利益最大化所作的所有决策都是伟大的、英明的。

现在发现好多人以流程的名义,做一些"二传手"的事情,其实这背后是不担当、不负责任的心态。重复劳动造成效率低下,被责备时一脸无奈:"我也改变不了流程啊!"只有做到心中无私才会天地宽。流程的修改、完善也是伴随我们公司发展终生的问题,每个人都应负责任地运用"一把手"理论,流程本身也就没有了"死

角"。这也是守道、悟道、道法自然的过程。如果你总是在守道的层次中，就永远打不开进步的枷锁。

四、管理层的管理水平没有与时俱进

我们现有管理人员大部分不是科班出身，逐步养成了"大家长"式作风。不在"技能培养、文化熏陶"上下功夫，动不动就"你看着办去吧""我只要结果"，安排工作含糊其辞，指令粗暴简单，"内部沟通不以彻底为导向"。安排工作的金三句是"你认为呢？""还有没有更好的办法""好，就按你说的办"，粗暴简单的命令式管理只会让下属的"投入度"大大降低。出了问题就把同事和下属拉出来顶雷，当炮灰，责任与自己无关，这种风气很不好。只有勇于承认自己的错误，赞扬别人的成绩，询问别人的意见，才能使大家齐心协力，其利断金。管理层也更应该深刻领悟"尊重赢得尊重"的内涵。

没养成良好的执行文化，执行力不坚定、执行不迅速。好多问题布置下去后就石沉大海了。缺乏"现在、立刻、马上"的行动理念，"想到不等于做到，说了不等于做好"。

执行即依据规定的原则、办法去办事。执行力即把决策转化为结果的能力，而执行文化则是在一个组织的文化环境中由理念统领下人们所表现出来的一种自主自发地把决策转化为结果的群体氛围

董事长为全体员工宣讲《我们为什么这么忙》

和群体能力。例如，公司布置了一项工作，基层做不做是个执行问题，做得认真不认真、效果好不好是个执行力问题，团队中是不是人人都能认真去做，并且在做的过程中千方百计去追求好的效果，则是一个执行文化的问题。

只有不折不扣去执行，在执行过程中尽心尽力，形成为了结果群策群力的氛围，才算养成了好的执行文化。

五、个体层面的认知水平偏差太大

事前不能正确领会领导意图或结果导向有偏差，事后走偏，陷入无休止地讲道理中。讲道理的目的就是不受到外界的指责和内心的自责，用自己的认知层面去解释、引导别人进入自己的思维通道。从时间检验和实践检验结果来看，好多人的思维方式和方法论都是错误的，有好多时候只站在简单的对与错的狭隘思维中。在社会上有很多事"对"≠"对"，有时"对+对≠对"。所以，我们更应该关注如何让我们想要的结果发生，而不是无休止地搞"辩论赛"，"小人无过，君子常错"，不能有多干多错、少干少错、不干无错的心态。

自我要求太低，思考维度太浅，习惯当"差不多"先生。"求之所上，得之所中；求之所中，得之所下"。自身要求低，取得的结果就会更低。只有定位更高，思考问题再全面再深入一些，才有可能取得想要的成绩。透过现象看到本质才能事半功倍。

自我束缚，给自己不做事披上一张"合理"的网，一叶障目，分不出轻重缓急，以小格局推倒要进行的行为。例如以给公司省钱的名义不去拜访客户；自认为主动去做或做多了容易被批评，所以选择不做或被动等着做，这种思想要不得。

自我实现意识严重，有些人选择性地听、选择性地做，明明给他指明了方向也不理会，而是按自己的路子来。这种人大部分是活反了，只有先让自己活得很痛苦才有资格让别人活得很痛苦；只有认识到自己有错误才会真心去改正；只有在肯定—否定—再肯定中，将"要我做"和"我要做"相结合，才能迅速提高，调节自己的思维方式。

以自我为中心，本事不大反而认为自己是世界规则的制定者，不是执行者。过于在乎别人对他说话的语气和态度，情绪化严重，把自我看得太重，事物的发展要以自己的意志为转移，这样的人往往都会碰得头破血流。我认为工作中需要正向激励和负向激励才能好好工作的人，人格是不完整的、不成熟的。

居功自傲，有个别员工工作上取得了成绩，就无限放大自己的作用，目无领导、目无组织，看谁都不如他，说话嗓门大，走路飘飘然。要知道功劳不是抢出来的，是让出来的，价值评估要客观，每个人都是公司的一份子，要消灭掉地球离了我都不能转的恶念。

不务正业，自己的本职工作一塌糊涂，但别人的事、与工作无关的事一清二楚，本职工作以外就是"万事通""大明白"。不播春风只等秋雨，不想种树只想乘凉，遇到问题装傻充愣，见到利益紧抓不放，身边的这种"隐形人""边缘人""木头人"，我们要及时揪出让大家知道"他是谁"，各司其职、各尽其力，才能忙而不乱，才能共同创造更多价值，才能越来越强。

第十三章 我们可以做得更好

我们三月份的工作主题是"以结果为导向指导工作"。我们在平时强调的也是"请给我结果",所以有时对过程中的细节不去关注,而没有好的过程往往就不会呈现好的结果。

我们现在对结果呈现的流程进行推演:

计划(目标、信念)—行为(过程、细节)—结果。

以前我们没有过多地关注计划和行为,只想要结果,一旦结果与预期有落差就会产生消极情绪。以前大家做事的计划性较差,找不到工作的方向和目标,不知道在事件发生的每个阶段要干什么。通过我们对结果的聚焦和计划的梳理,以上问题有了很大改善,但有时还是不能呈现出好的结果,这是为什么呢?

我个人总结认为:心中一定要有一颗必须取得结果的信念种子,结果不是刻意强求就能取得的,只要把所有环节都做好了,结果就会自然呈现。所有环节就是行为流程,只要我们的行为有效,流程无纰漏,我们想要的结果就会呈现。我们需要聚焦结果,因为这是我们工作的方向,但想要好的结果,必须重视行为细节。

以前我们好多人出去办事就常有这种现象：拜访陌生客户忘记拿名片，忘记拿公司的宣传资料和资质文件；出门测量尺寸忘记带测量仪器等。听得最多的话就是"忘了""对啊""都不知道自己是干什么的"等消极话语。

我们制定的流程是对阶段结果进行检视的，还达不到指导我们行为细节的检视要求。为保障各环节有条不紊地走下去、做得好，就要做到PEPC，即："计划要素、过程演练、事前准备、事后总结"。

一、计划要素（Plan）

在确定计划完成某项具体事件时一定要把达到结果所需的"要素"提炼出来。如"人、财、物、资讯"等，这些都是流程表不能体现出来的。如果需要多人合作或跨部门合作的话更要提炼要素，否则就会把对方想成理想状态下的人了。

"人"。需要他人或跨部门配合，要提前联系，确定时间、所需资料、分工等事项。防止叫上就走，他都不知道要干什么、带什么、要取得的结果是什么，这样肯定配合不好。

"财"。有时我们办事需要费用，要在财务部提前借款，这样才不会出现用钱时手忙脚乱，再去找人打款的现象了。

"物"。包括所用的工具、资料、消耗品、备用物品等。要列好清单，逐一检查，才不会发生让别人再去送或折返回来拿的无用功现象了。

"资讯"。如去拜访客人，一定准备好大量的实时信息和客户喜欢的信息，在沟通过程中，专业技能只占一小部分，只有信息对称了，沟通才会更融洽，才能让人更接受你。

二、过程演练（Exercise）

演练：自我演绎并模拟练习事件整个过程。

事情的发展往往不会以你的个人意志为转移，如不演练遇到突发事件就会束手无策。俗话说的"这孩子干事一蒙一蒙的"，就是没有经过过程演练。所以计划做一件事时，自己要像导演一样，从开头到结尾在自己的脑海中演练出来，让每一个细节都呈现出来。对可能出现错误和容易产生分歧的地方不断推敲并能制订出应急预案，甚至要演练自己用什么样的语气、说什么样的话，对方会提什么样的问题、我该怎样回答。还要考虑对方说话的语气是怎样的，话语的内涵是什么，我想达到的结果有几种可能性。这样才会遇事不乱，从容面对。

控制了自己的语言和行为，就能做到在沟通和做事过程中滴水不漏，与不同层次的人交往才能游刃有余。在演练的过程中也会将要素提炼得更清晰、更具体，准备工作也会做得更充分。

如计划拜访客户并宴请客户：

我要到某单位去,我的着装与客户的环境和身份相符吗?带上名片、公司的宣传资料和资质文件等物品了吗?见到客户怎样介绍公司和个人?人家会提出怎样的问题?我该如何回答?从他的语气和内涵中我能听出我想要的结果吗?如不能,如何引导?除了专业技能外,我和对方的共同语言是什么?如到吃饭时间邀请共同吃饭,他会答应吗?他若答应,那去什么地方,备好烟、酒、茶了吗?席间的座次安排、点菜标准及口味等想到了吗?怎样调节现场气氛?如有陪同人员怎么安排?如一同饮酒的话怎么送客?客人如果自己走,应该在预计其到家时,问候是否安全到家,如客人喝多了应在恰当的时候及时问候。

　　这就是一个完整的演练过程,从中找出"要素"和重要环节并形成预案。长期养成习惯成为惯性思维,就不会再怵头和人打交道了,心中有底,也就不会心虚了。

三、事前准备(Preparation)

　　提炼出要素并通过过程演练后,要及时准备所需的工具、资料、消耗品等。需要他人配合的工作要事前与其协商时间及所需要素,再进行演练,确保配合默契。确保所带的要素,如工具能正常使用、资料不遗漏、消耗品齐全、资讯准备充分等,从而做到有备无患。

　　如打电话和他人沟通也要事前准备好。打电话的时间是否正确，你想表达的意思是否有层次、想要的结果是否明确，条理是否清晰，说话的语气是否能让对方接受。如果你不准备，人家提出一个问题或抛出一个话题，你就会慌乱，从而影响整个沟通过程和今后的工作进展，你的思路就会跟着对方走了。就像两军交锋一样，第一个回合你若败了，以后你就会节节败退，甚至溃不成军。知己知彼，方能百战百胜。

再以接送客人为例：

当你接到指令后，应先确定车辆性能是否良好、油量是否充足、车内环境是否整洁、是否备有饮品等。给被接送的客人打电话，确定具体明确的时间和地点，长途出行是否借支差旅费，演练行驶路线和具体细节。如到机场或火车站接站应到出站口处迎接，并有礼貌用语。如送站应送到最便于进站处，赠送饮品、报刊、零食等物品，并有礼貌用语，如知道客人具体到达时间，应及时问候。

四、事后总结（Conclusion）

事事都是发展变化的，有时间差就会有思想差。当一个环节结束时要及时在脑海中过一遍，有无瑕疵，再晚也要做到总结不过夜，晚上睡觉前应该把今天发生的事情像放电影一样放一遍，总结得失。最好也把明天的事情演绎一遍，不能让同一个错误绊倒两次。

人与人最大的差距是自我"修正"的能力。发现自我错误的是

"高人",能自我改正的才是"超人"。能够勇敢地认知自我、发现自我、改变自我,真的不是人人能做到的。这要有很强的自我反思、自我"扒皮"、自我提高的能力,唯有这样才能化茧成蝶。人是在不断地总结提高中慢慢强大的。

如果我们做事都能做到"计划要素、过程演练、事前准备、事后总结",那么我们的工作效率就会大大提高,公司业绩也会突飞猛进,个人能力也会与日俱增。

一开始大家可能觉得有些东西很假,你一旦真心面对、投入进去,融会贯通并实施后肯定会受益匪浅的。做人做事的心态也会发生翻天覆地的变化。也有人会觉得改变多年的思维和行为习惯是个很痛苦的过程,请坚信越使你痛苦的经历越会让你强大。

用心就能做到极致,我们可以做得更好!

我们要坚持奔跑在可以做得更好的路上!

望大家把握当下,改变从现在做起,按流程办事,共同创造更多价值!

第十四章 我们为什么不一样

每个人的出生应该是差不多的,都在产房中。每个人的终点又是一样的,都在熔炉里。但每个人的人生旅程是不一样的,有的人挣扎在生存的边缘,有的人衣食无忧;有的人大富大贵,有的人为社会做出了重大贡献;有的人由富入贫,有的人草根逆袭;有的人一生碌碌无为。

每个人的今天都是无数个昨天累积叠加呈现的象。我们都要为自己的一生负责,不要怨天尤人,不要说怀才不遇。这个社会是很公平的,公平之处就在于付出就会有回报。可能不是当场报,立刻报,可能给你存在存折上加倍回报。

每个人从学校进入社会后都是一个拥有独立思维的成年人了,为什么每个人的社会阶层是不一样的,我认为主要有两个方面,一是看不到;二是做不到。

一、看不到

（一）真看不到：每个人的专业技能、综合素质和对时、空、角的把握不当，就会让他有大厦将倾也毫无察觉，没有危机感，只顾眼前。有时走一步只能看半步，不能通盘策划，高瞻远瞩。

（二）假装看不到：没有责任心，看到油瓶倒了也不会去扶，出了问题装"呆、傻、雷、萌"，就像我们说的"木头人"，上班不是100%在工作，下了班100%不再工作，没有职业道德和做人准则。

二、做不到

人和人的差距更大的是，看得到做不到。就像上学时，成绩好的同学，都是全心投入学习，放弃了打游戏和无效活动，多向老师和高人学习，这些很多人做不到。就像我们进入社会后说的"利他""舍得""感恩""自律"等话，有多少人只挂在嘴上，没放在心里，更没有指导在行动中。这就是为什么有人就会成为被管理者，因为有些人连自己都管理不好，还怎么去管理他人。这些人管理不了自己的时间，把控不住重要的节点，管理不了自己的情绪。

有些人自我要求太低，得过且过，很容易和自己和解。"求之所上，得之所中；求之所中，得之所下"，何况他们的自我要求就

董事长文化学习宣讲培训会

是最下；没有做不到就会死的底线思维，怎么可能取得好的成绩。人生就是自我和解的过程，如果早早地把自己原谅了，就成了"躺平式"的人了，就是一个行尸走肉。

每个人都是自己一生的导演，为什么有的人顺风顺水，有的人四处碰壁；每个人都有自己的思维方式，我认为检验每一个人思维正确与否的标准是，你认为你周边将要发生的一切，是否是真实发生的一切。通过不断的事后总结，逐步地调整自己的思维方式，实践是检验真理的唯一标准。

有些人生活在一维的世界里，认为自己是宇宙的核心，自己是社会规则的制定者，一切都要以他为核心运转，以他的意志为转移。所以这种人才会四处碰壁，一旦事情没有达到预期结果时，他就会陷入无休止地讲道理中，用自己的思维方式在辩解，拉低人的认知，引起共情。目的是不接受外界的指责和内心的自责。根本不知道奔着目标找方法，更不知道做这件事情的目的和意义是什么？只生活在自己的世界里，认为自己的认知就是世界的天花板，很难接受他人的建议和提高自己的思考维度，往往赢了道理，丢了朋友和客户。

有些人知道在社会活动中，自己是哪些事情的制定者，哪些事情的执行者，边界清晰，对事件发展的趋势和变量有很强的底层逻辑、把控能力。遇到问题想也不用想就有正确的思维顺序和通道。把严谨当成了习惯，养成了良好的底层逻辑，再加上对环境变量的分析，就能在社会活动中如鱼得水、如虎添翼了。

"知、情、意、行"，不能做语言的巨人，行动的矮子，无形控有形。每个人都是自己一生的导演，有的人用情、用心、用意的真情演绎了自己的精彩的人生。有的人糊弄别人，最终糊弄了自己，得到了糊弄的人生。有的人觉得比别人聪明很多，以为别人都看不透，其实在别人的眼里，每个人都是一个演员，你的成绩要靠每一个观众来评判，能否让人接纳、认同，为之付诸行动，是结果和成绩。

我们生活在一个大的生态环境中，每一个事项都要站在合作客户的角度上综合衡量，时间、空间、角色、需求全要素地通盘演练，再为了实现目标付出有力的行动，才能取得想要的结果。大家的思维相似，才会同频，唯有同频，才能高效。

第四部分 组织层面

第十五章 价值分配

如何公平分配，一直是困扰社会和公司的问题（价值：金钱、职位、荣誉等）。我们经常召开会议，探讨如何实现相对公平分配。

这就像一个"打狼分肉"的问题：我们一群人走在路上，有人发现了一只狼，我们就立即开始分工打狼。有人打围、有人追狼、有人去找武器、有人在呐喊助威吓唬狼，最终将狼打死。但在分肉时却发生了矛盾。谁发现了狼，谁冲在追狼的第一线，谁给了狼最致命的一击，谁干了什么等，决定着谁将得到最好和最大的肉。这里面包含了价值创造、价值评估和价值分配的问题。

一、价值创造要积极

在现实生活中我们取得业务就像打狼一样，要有敏锐的嗅觉和积极的态度，在我们视野内的业务一定要先拿下。不能先顾个人的利益，战机稍纵即逝，如果先谈条件后付出，搞不好狼早跑了，或让别人打死了。因为每次打狼的情况是不一样的，每个人的付出也是不一样的，不到最终结局还不好说每个人的贡献，只有任务完成后，再复盘一下，才能真正确定每个人的价值。这也是我们要搞"事后的事前机制"的出发点。只有坚定打到狼才有肉分，打不到狼都是空谈的想法，才会积极创造价值。不管在什么岗位上，尽自己所能，最大限度发挥自己的潜能，拥有为取得业务竭尽全力的积极心态，是一个团队的制胜法宝。

二、价值评估要利他

人的不公平感，大部分来自自己的主观意识，在于无限放大自己的贡献，无视团队成员的付出。我们就像一个球体，每一个人都是这个球体上的一小块。如果拿着放大镜无限放大，每一个点都会比整个球体还要大。我们打死了一匹狼，如果每一个人都无限放大自己在打狼中的作用，那么就是有五匹狼也不够分。有人说离开了物质谈精神就是耍流氓，但是，离开了精神谈物质就是在作恶。不能无限放大自己的私欲，在价值评估上是要有"利他"心态的。责任是争出来的，功劳是让出来的，没有其他人的付出是打不到狼的，仅凭一己之力甚至是会被狼吃掉的。你的主观意念发生了变化，其他的问题就都迎刃而解了，就没有那么多的不公平感了。再说世上很少有绝对的公平，公平都是相对的，往往"不争"才是最高级的争。

项目小组工作分工讨论会

网上有一段话说得很好：

你永远赚不到

超出你认知范围的钱

除非你靠运气

但是靠运气赚到的钱

最后往往又会靠实力亏掉

这是一种必然

你所赚的每一分钱

都是你对这个世界认知的变现

你所亏的每一分钱

都是因为对这个世界认知有缺陷

这个世界最大的公平在于

当一个人的财富大于自己认知的时候

这个社会有100种方法收割你

直到你的认知和财富相匹配为止

三、价值分配要感恩

无论你最后分到了什么，都要感恩平台和团队其他成员的付出。没有大家共同的付出，我们可能什么也分不到；没有平台的强大，我们可能一事无成。价值分配也不是恩赏，而是综合评估每个人的贡献值后作出的决定。你若想争取更大的利益就要多付出，要能起到决定性的作用。价值分配的关键是"重要性"，而不是劳动量。也就是说，一个人越重要，越不可替代，分配到的价值就越高，而不是"谁辛苦，谁收入高"。"临渊羡鱼不如退而结网"，你将时间和精力用在哪里，你的收获就在哪里。

公司要发展壮大，也不可能把所有的肉都分完。如果有一天打不到狼了，大家还要生存，就要动用储备的肉了。公司储备肉也是为了发展更大的平台，拿到更多的业务，让大家分享更大的劳动果实，分肉的多少也和公司的发展阶段息息相关。

有人只通过简单的计算，单方面认为给公司创造了多少价值，但没有想公司为正常运转付出了多少隐形费用和运维费用，这都是个人过于主观导致的。

公司决策层以前解决的是打狼的问题，现在是打狼和分肉的问题，将来可能会专门解决分肉的问题。每一个公司在不同的发展时期，其工作重点是不一样的。我们应养成价值创造要积极、价值评估要利他、价值分配要感恩的良好氛围。

第十六章 馅饼还是陷阱

"发展、做大、做强"是每一位企业创业者和经营者的目标与追求。但是在发展的道路上什么时间做大、做强？若控制不好发展速度，打不牢发展基础，很容易会前功尽弃，甚至不进则退。有时看到同行异军突起，就会蠢蠢欲动，追求跨区域、多元化发展，其实更多时候要看清楚人家的规模、优势、周边的资源及股东结构等实际情况。

发展中馅饼和陷阱并存，有多少企业轰然倒塌，有多少创业者死在了为了更好的路上，一夜之间从神话变成了笑话。

每一个今天都是由无数个昨天累积叠加而成的，所有的显性现象背后都是由无数个隐性因素组成的，量变引发质变。

我们也同样面临这样的问题："双甲"资质的取得为我们拓展更广阔的市场和发展空间，提供了重要保障。全国性备案，寻求更多的合作伙伴，寻找更多的市场信息和机遇，全国性地展开"平台联盟"，都是我们发展道路上的新尝试，也是公司发展里程中的"新旧动能转换期"。我们想把公司由"关系密集型企业"转换为"组织密集型企业",工作的展开离不开人员和资金的支持。在保证公司有效获取"馅饼"的前提下,我们更应该关注目前及今后可能会遇到的陷阱。为保障公司顺利转型,结合一些企业的破产情况,我在这里重点提出两个防止:

一、防止颠覆性的人文风险

(一)效率

随着新人的不断加入,有时会发现效率越来越低下,人际关系越来越复杂。缺乏一种"说了就算、定了就干"的氛围,有时会平衡干了有什么好处,不干有什么坏处的假理性中。一个组织的效率取决于人员之间的复杂程度,人员关系越简单效率就越高。现在发现自下而上的汇报通道很拥堵:

第一,不知道该给上级汇报什么(有时不汇报重要节点,只说鸡毛蒜皮之事;有人只喜欢报喜不报忧,有人只喜欢报忧不报喜)。

第二,向上汇报情况后,领导层不能在第一时间作出决断,缺乏担当精神,有时就是发出指令后也是层层减压的。

第三,跨部门的事不能真诚沟通,把"内部沟通以彻底为导向"当成了一句口号,不能落实到行动中,这就造成了人员越多、部门越多、效率越低的虚假繁荣景象。看似都很忙,既有太多"伪工作者"的原因,也有专业技能、岗位匹配度和工作投入度的问题。提高工作技能是当下急需并应长期坚持的要求。增强"责任心"是时时刻刻、方方面面都不能马虎的，不能心浮气躁，要增强"天职观"。现在我们身边还有不少"木头人"。

我们曾经说：领导可能是最能的，但一定不是万能的，在我的工作岗位上我是最能的！缺乏担当精神，事事要汇报，时时等指示，你汇报的是否真实？是否有演绎过程？当时的现场气氛和环境是否能描述得一致？这都是影响作出正确指示的重要因素。事实有3种：①真实的事实；②别人说的事实；③你认为的事实。人都喜欢自己认为的事实，层层传递后就不是事实了。

贺勇强总经理等领导和公司管理团队提出的提高工作效率的3个层面，我们处理工作时要结合起来运用：

个人层面：提高技能、严施计划、勇于担当、及时反馈；

部门层面：分工明确、责任到人、沟通彻底、勤于协作；

公司层面：简化流程、加强检视、考核落地、统筹重点。

增强各级的担当意识。提高效率的最好方法，就是增强每个人的担当意识。在特定的时间、空间、角色下，为了公司利益的最大化，作出的任何决定都是正确的，每个人都敢拍板，我们的效率就大大提高了。

（二）忠诚

我们也和不少私营企业打过交道，随着他们企业的发展扩张，有一些在领导岗位上的人有了一定的权力，就开始打起自己的小算盘，私利当先，挖公司的墙脚。把公司给的权力当成了摇钱树，把权力发挥得淋漓尽致。私营企业大多不是行业垄断企业和资源垄断企业，很难有持续性的发展。在企业效益好的时候还感觉不到，一旦效益下滑时，这种人会加速推进公司的倒塌。他们不把公司当作生存发展的平台，反而里勾外连侵吞公司和其他同事的劳动成果。

我们现在也有好多人都肩负与外界商业联系的职责，大家能否把我们的大家庭——公司的利益放在第一位？能否洁身自好？能否经得起时间的检验？私利当先这种风气绝对不能在我们公司发生，因为它会像瘟疫一样蔓延，而且速度极快。我们在公司一天就要爱公司一天，若感觉职位和待遇不满意可以提出来。但无论如何，任何人都不能把我们大家庭的氛围搞坏，否则就会受到同事的鄙视和自己良心的谴责。"食君之禄，分君之忧"，忠诚是职场中唯一的道德标准，也是我们立足于家庭和社会的基础。

（三）价值观

我们公司区别于其他企业的标志是我们的价值取向、道德规范和行为标准，是我们企业文化的显性部分。每一个人都是公司亮丽的活名片，这也是我们最核心的竞争力。这就要求大家把我们的会议语言变为口头语言，并能影响自己的思想意识，指导自己的工作方式。只要每个人都被尊重了，我们要打造的"最值得尊重的企业"就实现了。

在2004年时，我从一个知名的餐饮连锁企业离开后，就对一同进入该企业的同事说，这个企业肯定会死。他们问我为什么，我说他们对外不尊重合作单位，对内不尊重员工同事，有一种暴发户的心态，从事服务行业这样肯定是走不长的。果不其然，没过几年该企业所有的门店都关闭了，而且官司缠身。

企业比的不是谁能在短期内迅速扩张，而应看谁能走得更长远。

在这里给大家提个醒，与人打交道要少用"阴谋"，多用"阳谋"。阴谋发的愿是恶愿，只能对比自己智商低的人用，或真正的敌我双方、你死我活时用。使用阴谋的人都认为自己比对方聪明，可以给别人挖坑、下套。使用之初被人识破，对方就会直接拒绝；使用过程中被人识破，也会让人有种吃了苍蝇的感觉，以后不再与你相处了。做个聪明的实在人，才是我们唯一的选择。阳谋发的愿是善愿，即使从头到尾都被人看破，大家也会心甘情愿按照你的方向走，这才是大智慧。

我们的企业文化落地分为三个阶段：一是守道，遵守我们的标准。二是悟道，领会贯通。三是道法自然，随意而发，形异而神似。让奥斯福的做人做事准则时刻引领、指导着我们每一个人，让优秀成为习惯，当"利他"变成宗旨时，我们就离成功不远了。一定要将"武化"推动"文化"落地执行到底。

只有我们每个人的价值观统一了，我们才能更紧密地团结起来，迎接新的市场机遇和拥抱更美好的明天。

我们现在的劳动成果来之不易，决不能毁于人为风险之中，望大家对我们的企业文化内记于心，外化于行，这样我们才能越来越强！！！

二、防止坍塌性的财务风险

（一）税务风险

随着公司越来越规范，税务制度一定要规范，现在企业信用等级和个人诚信记录都与税法相关联，一定要在国家税务管理范围内照章纳税。

（二）现金流的预警

随着公司规模的扩大，运营成本、经营成本会迅速提升，现金流成了制约我们企业生存和发展的瓶颈。今后各部门一定要做好事前预算机制，尤其是财务部门对企业信贷和个人信贷一定要做到提前计划和筹备，不能陷入信用的多米诺骨牌效应之中。业务部门做好项目的事前审核，要知道最后压死骆驼的不是千斤重物，而是一根稻草。合理分配手中的每一分现金，在现金为王的时代，要把资本的效益发挥到最大化。对应收的账款，要时刻不能停地催，这是我们持续发展的命脉。绝不能因为一个项目或决策让公司陷入泥潭。

(三)财务制度

在单据上签字的人都要承担相应的责任,不能为了练字而签字。真正担当起来并防止所有漏洞才是签字的根本目的。让财务部真正发挥"及时、清晰、准确,从服务到管理"的职能,对公司的全部情况了如指掌,将 $X-Y=Z$(X=收入,Y=支出,Z=利润)运用到公司、部门和个人,为公司的发展方向和决策提供数据支撑,将运营成本的控制和经营成本的管理发挥到极致。

"天赐食于鸟,但绝不投于巢。"发展是永恒的,馅饼与陷阱将始终并存于公司发展的各个阶段。我们既不能忘却公司发展的目标和宗旨,更不能忽视公司发展面临的风险。根基打得牢才能建高楼,基础做得好才能走得更加长远,更加健康。敢问路在何方?其实路就在大家的脚下!

祝愿我们的奥斯福越来越强!

第十七章 思维认知的"六个维度"

　　人与人最大的差别，是思维认知的差别。根据人的思维认知层次来判断，人可以分为六个维度，也叫六个维度空间。不同维度的世界，就像一条条平行线，下一个维度的人只能是上一个维度人的意识投射。这种分化会愈演愈烈，未来处于不同维度的人们，就像不同的物种。未来人与人的差别，比人和狗大。即便身处同一个屋檐下，也有天壤之别。

一维空间：直线思维

　　这类空间的人思维也是直线型。特点就是直奔目标，不考虑周围环境因素。很多小孩子就是这样，比较常见的行为就是横穿马路不知道左右观看，成年人也有但不多，这类成年人我们只能用"愣"来形容。

二维空间：平面思维

　　这类空间的人思维是平面型。他们比一维空间的人多了一些相

---

* 摘自网络 https：//www.jingyanlib.com/shortqa?id=Tfk6A SmR0OBbgVz3-JLrqw

关思考，就像平面的定义一样，他们最大的缺点就是人性本能的习惯：总站在自己的角度思考，不会换位思考，更不会替他人思考。这类人比较多，也是那种经常被"割韭菜"的人。

三维空间：立体思维

立体思维的人相比以上两类人最大的特点就是擅长换位思考，他能知道站在对方的角度考虑问题。那么第一、第二维度的人在第三维度人面前就是透明的，如果第三维度的人想收割他们也是分分钟的事。骗子大部分都集中在此空间。

四维空间：时间思维

这类人相对第三维度来说多了一个时间轴概念。我们说：时间是最好的过滤器，岁月是最真的分辨仪。此类人通常考虑长远效益和影响，不计较一时的得失，最明显的行为特点就是守时，四维空间的人是可交人群。

五维空间：精神思维

此类空间的人考虑问题已经突破时间、空间的限制，能领导人民的精神向某个方向发展，他的言论和意图可以无形控制你的大脑，并使你赴汤蹈火。我们都知道的苹果，这一家公司的利润占据着全球手机行业总利润的85%，除了苹果手机自身的原因，有很大的原因是乔布斯也是很多年轻人的精神领袖；此类人物在各行各业都是标杆和旗帜。

六维空间：人道思维

什么是"道"，道就是真理、规律，通人道的人能够通过现象看到本质和事物发展规律，通晓人民大众的驾驭之道，同时，也是规则的制定者。每个国家的最高领导人就是此类人。当然，在非常时期，六维空间的人如果在人道和精神领域都做得出色，那么他就是影响人类历史变革、为人类发展做出巨大贡献的领袖级伟人。

知道定义以后，我们从整体看看这六个维度的人：第一、第二、第三维度的人占了99%，这些都是低维度思维的人，他们总是把眼睛盯在有形物质上，及时行乐，短暂的快感就能满足。如果人经常是上完这当上那当，当当都有新花样，这种人的思维绝大多数都是第二维度的。而处在第三维度通过收割一、二维度而发财的人不少，但是绝不会长久。时间轴拉开看的话最终还是穷人，甚至受到国家机器惩罚。所以，低维度的人都是处在社会最底层的、被收割的对象，想要摆脱被割的"命运"，少一点贪欲，提升思维层次才是正道。

读思维认知的"六个维度"有感

我认为，一维的思维是自我以为的思维方式，以自我为中心，我即是宇宙的中心，我的认知就是世界认知的天花板，老活在自己演绎的世界中。我给你提供的信息不一定是你想要的，而是我想给你的，不考虑对方的需求。对时、空、角的认知模糊不清，分不清过程和结果。阶段性的矛盾和当下最重要的矛盾分不清，思维模糊混乱。

二维的思维是平面思维，非黑即白、非对即错。人生中没有灰度空间。我们生活在一个复杂的环境中，在特定的时间、空间、角色下，对了也可能是错了，对+对都不一定等于对。不能纠结于对错中，一旦陷入其中，智商就会降低，进入钻牛角尖的状态，有时赢了对错，没了朋友、丢了客户，害人害己。

三维的思维有了深度，是立体的思维方式，能做到凡事再问几个为什么。能站在他人的立场考虑问题，知道他人的需求。知道结果是第一位的，知道方法和技能是为结果服务的。

四维的思维比三维多了时间轴的思维，更有时间、空间、角色感。不能用过去的方式耕现在的田，时间的变化带来事件的变化，在特定的时间中作出特定的决策是不可复制的，需要厚积薄发，只有通过长期的积累才能作出正确的决策。

五维的思维是利他思维，你设计的产品和服务越有利于他人，就会越受欢迎。你在社交中越有利于他人，越容易被人接受、认同，有人欢迎你、认同你，你就会有大批的追随者、支持者，你逐步就会成为他们的精神领袖。

六维的思维是全局思维，考虑问题时会把所有的维度都考虑进去，是天时、地利、人和等全要素思维。历史经验的、当下运用的、未来发展的，能站在上帝视角上看问题，掌控全局，运筹帷幄。

了解了六维思维，我们要对号入座，看自己在哪一个维度上。其实我认为思维的维度也不一定就是六维的，我们可以把它分为X维的，但维度的深浅区别是不变的。不要让身体的忙碌掩盖思维上的懒惰。低维度思考的人看重的是我想要，总以外界的赞美和物质的奖励作为驱动力，这些人的人格是不完整的；高维度思考的人看重的是：我能给，以自律和价值实现作为驱动力，这些人的人格是独立的。我们说的为什么我以为你以为的，不是你真的以为的，就是因为我们的思维不在一个维度上，不能同频共振。要站在上级的高度想问题，站在下级的角度上处理问题。求之所上，得之所中。管理的最高境界就是：通过作风养成，使

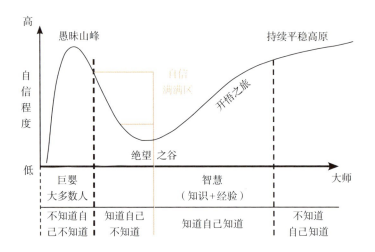

思维认知—达克效应

组织对所属成员的要求变为他们下意识的行为,遇到问题想也不用去想就知道怎么干。这就需要大家的思维能在差不多的维度上。

思维的维度也不是一成不变的,有些高维度思考的,也有一事之谜;有些低维度思考的人,在牵连个人利益时也能滴水不漏。我们要让深度思考成为习惯,让严谨成为习惯。我们的PEPC理论就是最好的提高思维维度的法宝。底层思维清晰了,思维的顺序和通道习惯了,我们看问题和解决问题就在一个水平线上了。希望大家能从现在做起,找准自己的坐标,认清不足,拥有空杯心态,要有拥有小于需求的稀缺心态,时时刻刻提醒自己,提升自己。提高最终体现在行为动作和工作态度上,而不是理论的光环中。你的思维每提高一度，你的个人、家庭、工作、事业都会有质的提高。每一个人都是自己思维的产物，改变从现在开始，遇见更好的自己，我们一定会越来越强！！！

附文

点亮

李宸锐（初二）

微风习习的夏夜，我和父亲在小区周围散步，眼前是炫目的灯光秀与流光溢彩的高楼。我转过头，看着这个将这座城市点亮的人。

1978年，我父亲出生在济阳。

从小时候起，他就帮着家里干活。做饭、种地、赶集、卖菜。每个炎夏或隆冬的清晨，那个如现在的我一般年纪的少年骑着自行车出门了，身上穿着两个哥哥穿小了的打满补丁的衣服，背着一筐要卖的东西——挂着露水的青菜或各种小吃零食，扑打着蚊蝇或哈出一阵白气，朝着小路尽头喷薄欲出的朝阳驶去，身后留下一道深深浅浅、歪歪扭扭的车辙。

在学校与家、田间地头与热闹市集上度过了12年的学习生活，那场决定性的大考来临了。他失利了。19岁的他欣然接受了这个结果，离开农村，去省城济南打拼。

来到济南，他什么都干了。电气焊、五金、打字复印、门头牌匾。他说那时候买不起酒，就拿酒精兑上水往胃里灌。火辣辣地灼着五脏六腑。一闭眼一仰脖，所有的愁绪顾虑都被烧了个干净，再去饮生活那瓶更烈的酒。

那天开车经过一条街道，他说这就是他曾经给人做门头牌匾的地方，一条街上大大小小的广告生意全被他包揽。于是在我脑海里这些高楼被推倒，街上林立起密密麻麻的门头房，每家门口都是崭新的广告牌。骑在自行车上的是个青年，肆意畅快地蹬着，仿佛国王巡视着他的江山领地。他驶过向他挥手问好的人群，驶向阳光，驶向仿佛望不到的终点。

2003年，父亲认识了母亲，两个乡下来的年轻人共同打拼，一年后，父亲开了自己的公司。

2006年，他们结婚了。2007年，灯光亮化行业兴起，父亲也投身进了时代的浪潮中。快到而立之年的他从头做起一项新事业。成百上千个不眠不休的夜晚，他把自己埋进书堆里、埋进人群中，与技术斗争，与知识斗争，与学历斗争，与出身斗争。他的车跑过济南的每一条路，那些等待着他来点亮的大楼此刻都静静地注视着他。那些嵌进泥土里、散进烟尘中、叩在瓷砖上的脚步都被串联起来，白天挂成施工的长梯触上高耸的楼顶，夜里则继续生长，去借星星的光。

终于，他碰到了星光。他的车经过的路都亮起来了，开过一处，一处生灯。他洒下汗水的地方都变成绚烂的灯光，夜夜在高楼上流起川流不息的彩河。他不来自这座城市，却用自己的脚步把这座已属于他的城市点亮。

18年，公司五次迁址，串遍了济南的大街小巷。父亲的灯光已融入城市的血脉，点亮了无数济南人的夜晚。他同样点亮了多年前那些不眠不休奋斗的夜晚，点亮了自己的人生。

后记：从小到大，我都把他看作"我的父亲"。上了初二，我才骤然意识到，作为他自己，他已有了一段足够不凡的经历。所以我把我从故事中抹去，只作为他的记叙者，因为他的人生值得被书写——那是点亮自己又点亮整座城的人生。

2022年12月7日

后记

追光逐梦　越来越强
——奥斯福集团二十载追光之旅

"这点点星光，给世间带来理想光芒；温暖一座城，流光溢彩梦开始激荡……"这首《意气风发的奥斯福人》是奥斯福集团有限公司（以下简称"奥斯福"）董事长李永山的办公室里时常响起的旋律。

夜幕落下，济南经十路沿线的高楼灯光点亮，一幕幕流光溢彩、一帧帧闪耀夺目的风景，如诗如画，让夜晚璀璨无比，让城市灵动鲜活。站在办公室，这一幕尽收眼底，如此浓墨重彩的手笔正是奥斯福人夜以继日辛勤付出的成果。

从起步时两人到拥有数百人的现代企业，从大桥下的门头房到如今的核心地段写字楼，从行业"门外汉"到行业翘楚……奥斯福成立20年来，始终站在创新发展的时代潮头，与光同行，行而不辍，采梦想的星光汇成炫彩的灯火，点亮城市，照亮未来。

星星之火：照亮梦想之路

冻土下的种子，经受严冬的淬炼，积蓄着成长的力量。一丝春日微光,便让它破土而出,明媚一整个春天。

他曾经也这般怀揣梦想,埋首积蓄力量,拾取每一丝微光。

时针拨回到26年前。1998年,20岁的他迎来了人生的十字路口。"我想去省城闯一闯。"这个从小在济阳农村伴随着点点星光长大的少年,心里早就埋下了闯荡大城市的种子。他想去看看大城市的灯火通明。为了支持儿子,母亲拿出了仅有的2000元。

创业梦,从这里开始。

怀揣2000元,满怀激情的他来到省城,在全福立交桥下,成立了济南市历城区华山龙马广告牌制作部。他带着一个小伙伴,从电气焊、门头牌匾、封铝合金阳台,再到防盗门、防盗窗,为了生存什么都干,最初的梦想就是"赚一千块钱,就吃一只鸡"。

那时候,他蹬着三轮车的身影,无论风雨还是严寒,穿梭在济南的大街小巷,撒名片、跑业务,正是凭着勤奋、刻苦和良好的口碑,制作部业务变多了,生意有了起色,逐步走出了自己的专业道路。

梦想就像一颗星,在黑夜照亮不断奔跑的人。经过几年打拼,梦想的种子,终于在2004年的春天开出了新花。个体户的经营模式和承揽范围,已制约了发展。

当时正给几家品牌专卖店做装修业务,2004年5月18日,他与妻子成立济南奥斯福装饰工程有限公司,名字取自英文office's friend,寓意不仅是公共服务建设的服务商,更是他们的朋友。

在行业内多年的摸爬滚打,让奥斯福从成立之初,就选了一条不同于其他公司的路，有前瞻性，做品质化，有长远发展的目标，要打造最值得尊重的企业。从选择品牌到施工，再从加工到安装，每个环节都精益求精。

路走得扎实，公司很快便走上正轨，相继取得了一系列连锁品牌、知名企业的业务合作，并成为它们长期的战略伙伴。

从个体户、门头房到有规模的正规公司，奥斯福在省城扎住了根，梦想之路已经点亮。

微光成炬：点亮城市夜空

风雨吹打着每一株幼苗，只有不惧风雨，朝着苍穹奋力向上，才能茁壮成长，拥抱阳光。

干事创业，需要"低头拉车"的苦干，也需要"抬头看路"的清醒。

那些年，随着经济的发展和人民生活水平的提高，让夜晚的城市"亮"起来，成为城市建设的重要一环。城市霓虹灯越来越多，在大众心目中霓虹灯、标识属于广告范畴。他敏锐捕捉到这一趋势，2005年4月29日，将公司更名为济南奥斯福广告有限公司，把城市及道路照明工程、标识工程纳入公司主营业务。这为公司发展打开了一条更清晰、准确的通道。

从山东高速到中国建设银行再到中国石油……2005-2011年，

诸多知名企业陆续成为奥斯福的客户。奥斯福也逐渐成长为行业领先、国内知名的成长型企业。

随着在新赛道上积累越来越多，企业来到了一个岔路口：坚守，还是转型？

"以前是三轮车在蹬，现在是宝马车在跑，不进则退。"当所有人还沉浸在过去成绩的时候，公司清醒地意识到发展模式已经不适应市场形势的变化：企业要想保持竞争力，必须与时俱进。

2012年，奥斯福做了一次战略性调整：将加工生产剥离，走业务型和管理型路线，公司也从加工厂搬到了写字楼。

对于这次调整，多数员工表示不理解："原来的活干顺手了，不愿意改变。走管理型路线，一点经验也没有，全靠摸着石头过河。"

但是原本的加工生产业务属于劳动密集板块，已经触及天花板，企业想要攀上更高的台阶，必须集中力量打开更有潜力的空间。

虽有不解，但奥斯福人坚决执行公司决定。长期以来，奥斯福形成了一套成熟的"一把手理论"：公司是一个大家庭，对每一位家人工作生活上都要搭把手；上下级，上下游，跨部门的工作抄抄手；看到不对的流程、影响公司形象和利益的地方摆摆手；对造成不良影响的人和事弥补损失后要抬抬手；对同事的工作和生活上的成绩拍拍手——这样才是一只强有力的拳头，打得出去，收得回来，紧密团结，步调一致。正是有了这样团结协作的精神，企业很快转型成功。

这期间，奥斯福业务水平持续上台阶。2011年奥斯福取得城市道路照明工程专业承包三级资质；2013年2月22日，取得城市及道路照明工程专业承包二级资质；2013年5月27日，取得照明工程设计专项乙级资质……短短几年时间，奥斯福在城市照明这条路上完成了多次跳跃。

2013年，奥斯福迎来第二次更名。随着城市照明、环境整治的推进，公司原主营业务成为大市政的配套配属项目，于是，济南奥斯福广告有限公司更名为山东奥斯福市政工程有限公司。

随之而来的是，时代红利让公司在大基建中取得了一个接一个的大订单、大项目，奥斯福真正走上了高质量发展之路。

曾经心向往的一座座城市，在自己手中被点亮，奥斯福人心情澎湃，心中有了更明亮的远方。

璀璨生辉：点燃时代诗意之光

梦想有多高远，天地就有多辽阔。在奋进的时代，每个人的奋斗，成就了个体的精彩生活，而个人的追梦故事，也激荡了整个时代的脉搏。扣准时代的脉搏，梦想之花总能绚烂绽放。

2017年，随着公司规模的扩大，办公环境也有了大提升，奥斯福在济南市核心地段有了一席之地。办公室书架上，一张照片从2018年被摆到现在。那是2018年4月19日，他站在国家住房和城乡建设部的门口,手中的"照明设计甲级资质证书"还"冒着热气",他笑得格外开心。这意味着公司拥有了全国照明行业"双甲"资质,一步跨入全国行业一流水平,而这一步很快便踩实了。

2019年,为了庆祝新中国成立70周年,也为了促进夜间经济的发展,济南市重点实施城市亮化工程。

厚积薄发,展露光芒。手握"双甲"资质的奥斯福迎来了大展拳脚的时机,经十路沿线及奥体片区的灯光秀工程,是庆祝新中国成立70周年重点项目,也是济南市最重要的展示窗口之一。

灯光秀通过科技与艺术的融合,让夜经济、城市文化表达、城市个性彰显有了同一个窗口。重要性不言而喻,压力亦无需多言。

在此之前,城市建筑物照明设施简单、千篇一律,建设、管理不统一,各楼宇照明通常由物业自行负责。想要统一设计灯光秀,有很多关节需要打通。

100多栋楼的任务,工期只有一个月。接到任务后,全体员工加班加点,吃住都在公司,一个个环节攻坚。

"奋斗进取、不达目的誓不罢休"的狼性文化,是奥斯福长期以来坚持,并为之付诸行动的企业文化。在奥斯福,人人争当有血性、有斗志、有办法的"三有勇士"带头人,发扬"靠上、拼上、豁上;要急、要争、要抢"的"三上三要"精神。正是在这种公司文化的带动下,奥斯福完成了一个个看似不可能的任务。

"我在济南,向祖国表白。"2019年9月28日晚,经十路沿线、奥体片区楼体灯光秀登上央视《新闻联播》。城市亮起来了，市民纷纷停下脚步，拍照留念。与城市同频，伴时代同行，那一刻所有奥斯福人都对此有了深切的感受。

曾经埋首蓄力的那颗种子，终于开出了绚烂的花，扮靓了一座又一座城市。

未来之光：闪耀百年强企路

每个人心里都有属于自己的一束光，那就是前行的方向。

随着一座座城市被扮靓，需要管理的灯光越来越多，如何运用数字化、智慧化手段实现灯光科学、安全运营，又成了奥斯福发展的新方向。

随着分公司的增加和主营业务多元化，2020年7月27日公司正式更名为奥斯福集团有限公司，把电子智能、智慧控制、智慧展馆、视觉艺术、文旅夜游等业务纳入公司范围。

此时，集团正在下一盘更大的棋：城市管理进入"绣花针式"精细管理以及数智化智慧管理的新阶段，奥斯福要成为城市管理的合作方，要打破"建-管-养"的射线管理模式，打造的全生命周期闭环管理。

2019年，奥斯福自筹资金，自主研发了智慧照明云控平台。运用大数据、云计算、人工智能等技术，对城市照明进行集中统一控制，实现了"一把闸刀一张网、一个平台保运营"。

只需要经过层层安全认证，点一下鼠标，全国各个城市的"晚礼服"就能被同时点亮，每一个景观节点尽在掌握，可实现不同时间段、不同区域的亮灯需求，真正提升城市管理效率，让城市照明更安全，让管理服务更安心。

随着文旅创新项目的发展，奥斯福通过灯光"硬技术"和"软创意"的融合，赋能文化，赋能新老IP，打造夜游新体验。近年来，一个个文旅大项目相继实施，激活了文旅新活力。

发展新质生产力，创新引领未来。奥斯福坚持走科技创新之路，深耕技术研发，拥有发明专利、实用新型专利、软件著作权等数百项，《城市照明亮化智慧管理云平台》处于国际先进水平，技术创新位于全国同行业前列。企业还主导了《城市景观照明运行维护技术标准》《城市道路照明设施养护维修服务规范》《城市光环境建设服务质量评价规范》等多项标准的制定。奥斯福先后荣获"高新技术企业"、山东省"专精特新"企业、山东省"瞪羚企业"等荣誉称号。

奥斯福20年来成绩的取得，离不开全体同仁及家属们的无私奉献和付出，更离不开社会各届的关爱和关怀。集团坚持党建引领，把稳了企业发展的航向。作为民营企业，奥斯福始终把党建作为新质生产力，在工作中总结出"四融入"党建工作法，即将党的领导有机融入集团治理结构、将党建引领有机融入业务工作、将党建文化有机融入职工生活、打造特色党建平台融入大党建格局，把党建理念与"打造最值得尊重的企业"愿景相结合，以此激活发展的"红色引擎"，为企业发展注入了强劲动力。

2020年，奥斯福自筹资金4000多万元与中共山东省委党校（山东行政学院）共建"画说党史、重走长征路"红色主题展厅，与山东省发改委共同打造"走进黄河新时代"黄河高质量发展主题展厅，打造声、光、电与艺术设计、历史文化完美结合的沉浸式数字展厅，被评为2022年度山东省虚拟现实公共应用体验中心第一名，目前已有百余家单位在此先后挂牌党建教育基地。

追逐光，成为光，散发光。奥斯福不忘回报社会，自创业至今，持续捐款捐物、奉献爱心。李永山先后荣获"山东省劳动模范""影响济南年度经济人物""济南榜样""济南市优秀党组织书记"；企业也获评"抗疫先进单位""山东社会责任企业""山东省五一劳动奖状"等荣誉称号。

追光的人，终会光芒万丈。

"他的车经过的路都亮起来了，开过一处，一处生灯。"这是女儿心中的父亲。一路走来，他拾取每一缕光，化作前行的力量，与城市同频，与时代同行，用自己的脚步把城市点亮、扮靓。

20年，从破土萌芽到绚烂绽放再到枝繁叶茂，忆往昔，心潮澎湃；看今朝，奥斯福迎着朝阳正成长为参天大树，不断向上，奔向下一个、下下个20年……

20年只是一个逗号，奥斯福的故事才刚刚开始。"我们距离百年企业还差80年。"李永山表示，生逢盛世当不负盛世，奥斯福有幸成为城市的建设者、管理者，也是城市发展的受益者，作为城市建设管理的合作商，奥斯福将上下齐心、同心同力，为城市建设添砖加瓦，不断为满足人民对美好生活的向往而贡献力量。

　　值此集团成立20周年之际，衷心祝愿奥斯福如同闪耀的灯塔，照亮未来之路、引领行业潮流，为城市增添无限生机，在追光逐梦的路上迈向百年辉煌，越来越强！